Igor Warneck, Manfred Becker

Sand & Seele

Sandmalerei als Weg des kreativen Gestaltens

Arun

Die Deutsche Bibliothek - CIP-Einheitsaufnahme

Warneck, Igor:
Sand & Seele : Sandmalerei als Weg des kreativen Gestaltens /
Igor Warneck ; Manfred Becker. - Engerda : Arun, 1999
ISBN 3-927940-51-8

Copyright © 1999 by Arun-Verlag für die deutsche Ausgabe.
Arun-Verlag, Ortsstr. 28, D-07407 Engerda,
Tel.: 036743/233-11, Fax: 036743/233-17,
e-mail: webmaster@arun-verlag.de; www.arun-verlag.de
Titelbild: Bärenfalke & Manfred Becker.
Gesamtherstellung: WB-Druck, Rieden.

ISBN 3-927940-51-8

Inhaltsverzeichnis

Sandbilder 7

Einführung 11

Begegnungen mit Sand 13
• Was ist Sand?
• Sprichwörter und Redensarten zum Sand
• Im Schatten des Sandes
• Der Sand in Deutschland

Erste Schritte 16
• Der Sandkasten
• Das Gefühl für den Sand
• Die Wahrnehmung
• Der Weg zum ersten Sandbild
• Das erste Sandbild
• Die Trockenübung
• Und jetzt geht es zum haltbaren Sandbild

Sand, Technik und die Insel der Stille 21

Sand & Kunst 23
• Was ist eigentlich Kunst?
• Sandbilder sind Landkarten

Bilder im Sand – mal andersrum 25

Sand & Meditation 27
• Wir bringen Farbe in die inneren Bilder
• Was bedeutet Mandala?
• Zweidimensionale tibetische Mandalas
• Das Weltbild befrieden

Anleitung zur Sandmalerei 33
• Kurzanleitung...
• Traditionelle Sandbilder ohne Kleber
• Das Arbeiten mit Schablonen
• Dreidimensionelle Sandbilder und Skulpturen
• Sandbilder als Familien- und Gruppenarbeit
• Tips
• Pflege und Reinigung
• Was ist Farbe?
• Spirituelle Farbenlehre

Sand & Ritual 44
• Symbole finden
• Den eigenen Kraftplatz finden und gestalten
Sand & Kultur47
• Die Tibeter 47
Die tibetischen Sandmandalas / Der Kampf um den heiligen Berg Tisé / Die Farbsymbolik
der Tibeter
• Die Aborigines 55
Wer sind die Aborigines? / Wie Yurlunggur, die Regenbogenschlange, und der vielwissende
Wind dem Schwarzen Kakadu aus dem Land der Langen Schatten ein Geheimnis anvertrauten
/ Die Farbsymbolik der Aborigines
• Die Navajos 67
Die Sandpaintings der Navajos / Vom Urspruch der Heilungszeremonien / Der Ablauf einer
Heilungszeremonie / Ein typischer Sandpainting-Ritus bei den Navajos / Black Elk über die
Bedeutung der Sandpaintings / Die Farbsymbolik der Navajos
• Die Europäer - eine Konstruktion 78
Sand & Sandskulpturen 81
Sand & Design 85
• Das Buchprojekt: Der Kreis der Alten
• Die Designidee
• Die Auswahl der Motive
• Praktische Umsetzung und persönliche Erfahrung
Sand & Management 90
Anhang 92
• Literatur, eine Auswahl
• Informations- und Bezugsquellen
• weiterführende Informationen (www-Seiten)
• Seminarangebote
• Anforderungsschein für Farbsand-Einsteigerset

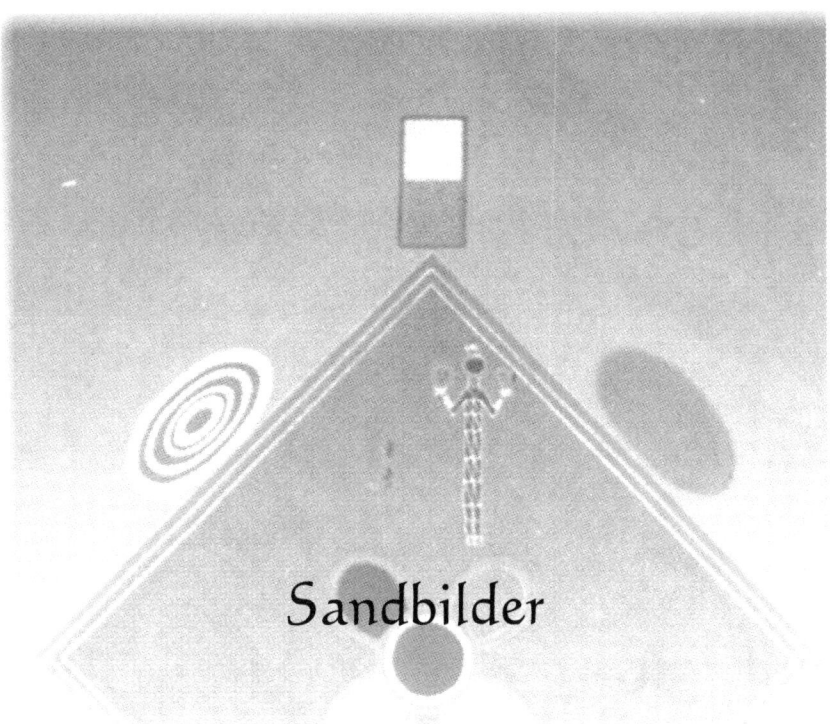

Sandbilder

Es steigt vor Dir auf, das Bild.

Wie die alten Geschichten.

Du kannst es fühlen.

Es ist der Geruch von Wind, der saubere Luft bringt.

Es ist das Gefühl, wenn der bunte Sand aus der Hand rinnt.

Von der Mitte heraus wächst das Bild und erzählt eine eigene Geschichte.

Es ist das Geräusch des Sandes,

wie er seinen Weg durch die Finger findet und Ebenen malt,

durch die schon die anderen gegangen sind.

Das Bild wächst von innen heraus und erzählt Deine eigene Geschichte.

Es ist eine lange Geschichte von Sandbildern und von vielen Menschen,

sie sind vergänglich und doch erinnern wir uns an sie.

Sie wirken durch Heilung und in der Kunst,

ihre Symbole sind auf Stoffen und anderen Materialien.

Sie sind überall auf diesem Planeten und ein Tor zum Himmel,

dem Vater eine Einheit, zur Mutter der Erde.

Es gibt sie in Pueblos und bei den Navajos,

in Tibet und bei den Aborigines.

Ihre Farben sind weiß, blau, gelb und schwarz

für die vier Heiligen Berge der Navajos.

Das Rot steht für das Sonnenlicht.

Oft sehen wir schon den Regenbogen.

Das Gute liegt für sie im Osten.

Von hier kommen die heiligen Leute.

Die anderen Himmelsrichtungen werden beschützt von den Wächtern.

Das Leben der Götter und der Menschen,

es ist heilig, wie auch der Sand selbst heilig ist.

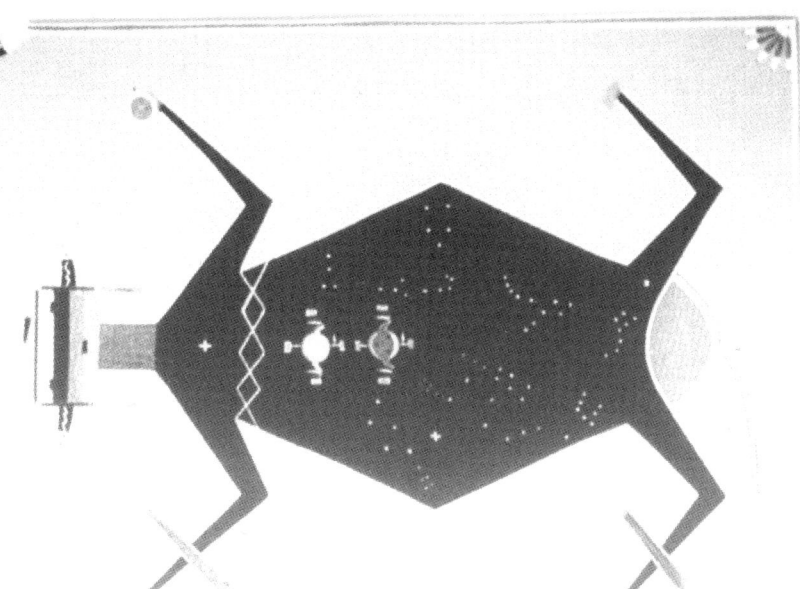

Nach der Zeremonie der Heilung wird das Bild zurückgegeben und aufgelöst.

Noch immer ist große Kraft im Sand.

Du darfst sie für Dich behalten und Dich derer erinnern,

die vorher waren, aller Gestalten oder Symbole und Mythen,

die Dich bestimmen.

Du bist frei und trittst ein in ein unwollendes Schaffen,

das Dir und Deinem inneren Auge gestattet, zu sehen was passiert,

wenn der Sand durch die Finger rinnt und zum eigenen Symbol wird.

Du kannst es.

In der Überlieferung heißt es,

die Bilder aus dem Sand geben die Balance zurück.

Harmonie ist der Ausgleich zwischen den guten und den bösen Kräften.

Beide sind wichtig und beide verdienen die Aufmerksamkeit, unser Gewahrsein.

Sie ringen ständig und wir können in den Augenblicken zurücktreten

und ihr Wirken anerkennen, wenn wir uns der Leichtigkeit erinnern,

wie die Kinder sich ausdrücken, noch vor der Ausbildung zu etwas,

noch vor jeglicher Verbildung.

Sandbilder dürfen gross oder klein sein.

Wer Motive sucht, wird seinen Schatz finden.

Wer an seinem Zauberspruch sich findet, wird klarer sehen und fühlen.

Wer einfach üben möchte, kann mit unseren Vorschlägen probieren.

Alles geschieht nach kurzer Zeit, beinahe beiläufig und in innerer Trance.

Zeit wird Traumzeit und der Schrecken des Muß und der Leistung verschwindet.

Geboren werden Freude und Erfahrung.

Es ist, als ob in der Vergänglichkeit des Sandes im Winde

etwas Dauerhaftes sich durch die Zeiten und Völker webt,

das sich Erklärungen entzieht.

Es ist eine alte Geschichte.

Es ist Deine Geschichte.

Dr. phil. Stefan G. Stobbe

Einführung

Dieses Buch handelt vom Sand als Mittel zur künstlerischen Gestaltung; es geht hier um die Erstellung von Sandbildern und ich möchte zeigen, daß wir alle die Fähigkeit haben wunderschöne Sandbilder zu erstellen, auch wenn wir uns selbst für völlig unkreative Menschen halten.

Das Material Sand legt uns eine Palette neuer Möglichkeiten in die Hand, unsere Kreativität ohne die bekannten Mißerfolge auszuleben, denn es ist unkompliziert und die Technik der Sandmalerei ist sehr einfach. Sie werden staunen, zu welchen wunderschönen Werken Sie imstande sind und wer natürlich noch weitmehr staunen wird, sind Ihre Freunde und Bekannten, die Sie ebenso wie Sie selbst bisher für einen dieser Menschen hielten, die vielleicht Kunst kaufen, doch nicht selbst herstellen können. Damit ist nun Schluß.

Neben der Möglichkeit künstlerischer Gestaltung bietet die Sandmalerei auch noch einen meditativen Zugang. Die Hektik unserer heutigen Zeit bringt selten einmal die Gelegenheit sich völlig in eine Tätigkeit zu vertiefen, ohne uns nebenbei noch mit mindestens zwei weiteren Dingen zu beschäftigen, was uns meist mehr verwirrt, als produktiv sein läßt. Sandpainting bringt Sie zur Ruhe und eröffnet Ihnen somit Möglichkeiten der Selbsterkenntnis und Selbstentfaltung wie manch andere hohe Schule der Meditation. Und all dies einfach nur durch die Bereitschaft „Sandkörner zu streuen".

Sand streuen bedeutet: Träume wahr werden lassen!

Die Arbeit an diesem Buch ließ mich völliges Neuland betreten, durch welches mich mein Co-Autor Manfred Becker fachkundig führte. Es taten sich plötzlich gänzlich neue Wege für mich auf und die Reise ist, mit dem Abschluß dieses Buches, sicher nicht an ihrem Ende angekommen, sie geht weiter und läßt mich in den alten Kulturen der Welt weiterforschen. Die Sandkörner der Mythologien und Überlieferungen wirken nun wie Samen, die aufkeimen und neue Blüten treiben. Die prächtigen Blumen sind mir noch unbekannt, werden jedoch mein Leben sehr bereichern. Ein herzliches Dankeschön hier an dieser Stelle an all die Menschen, die an diesem Buch und allem was sich drum herum abspielte, beigetragen haben. Neue Wege haben so neue Freunde geschaffen.

Hiermit lade ich Sie nun zu einer Reise in die Welt der Sandmalerei ein und weiterhin auch zu einer Reise zu den Urbildern des Lebens, welche in Ihnen schlummern, sowie zu den Urvölkern unseres Planeten Erde, welche diese Technik heute noch genauso anwenden wie vor vielen tausend Jahren.

Lizzy

12

Begegnungen mit Sand

Was ist Sand?

Der Sand ist ein faszinierendes Material, wenn wir es einmal in seiner Ganzheit betrachten. Da haben wir den Sand als Baumaterial, den Sand als Strand und den Sand als Informationsträger. Sand ist Urzeit-Materie, das älteste Material dieses Planeten. Kein Wunder also, daß die ältesten Völker dieser Erde, die Aborigines, die Tibeter und die Navajos den Sand dazu nutzen, um Landkarten, Mandalas oder Heilungszeremonien durchzuführen. Der urzeitliche Sand wird zum Informationsträger aus der fernsten Vergangenheit in die Zukunft der Neuzeit. Das Silizium, auch wieder Sand, findet sich heute in jedem Mikroprozessor. Die ganze technische Revolution der Neuzeit wäre ohne Sand undenkbar.

Sprichwörter und Redensarten zum Sand

- Jemandem Sand in die Augen streuen.
- Sand im Getriebe.
- Geld wie Sand am Meer haben.
- Auf Sand gebaut.
- Wenn der Sandmann kommt.

Im Schatten des Sandes

Wenn wir uns mit der Bedeutung des Sandes im Volksmund beschäftigen fällt die Häufung von negativen Sprichwörtern auf. Niemand weiß so recht etwas Gutes über den Sand zu sagen. Woher kommt das? Daß die alten Traditionen der Völker unserer heutigen Zeit Angst machen und daß wir deshalb den Sand so negativ belegen ist vielleicht etwas weit hergeholt, aber so ein bißchen Angst muß ja wohl doch im Spiel gewesen sein, sonst stünde er nicht ganz so schlecht da, der Sand. Vielleicht liegt es daran, daß Sand ziemlich unberechenbar ist, vor allem wenn er unge-

13

bunden existiert. Wir können ihn nicht festhalten oder einsperren, wir können ihn nur binden und gerade dieses Phänomen könnte es sein, das ihn in unserer doch mehr auf Materialismus ausgerichteten Gesellschaft mit einem negativen Vorzeichen versehen hat.

Traditionelle Sandbilder werden nach ihrer Herstellung wieder vernichtet, ein Umstand der uns unbegreiflich erscheint, wo wir doch bemüht sind Zeichen zu setzen, die sich über Generationen halten.

Der Sand wandelt sich und sein Aussehen. Denken Sie nur einmal an eine Düne ... und der Sand wandelt den Geist – zumindest wenn wir ihn wie in diesem Buch beschrieben, als Material zur kreativen Meditation verwenden – dabei verschwindet dann jedoch der Sand aus dem Getriebe, aus unserem Seelengetriebe.

Der Sand in Deutschland

Ganz am Anfang unserer Suche nach dem Sand und seiner Verwendung im Glauben der Deutschen, begegnen wir dem guten Geist des Sandmannes. Er streut den Kindern "Traumsand" in die Augen, da müssen sie sie reiben und dies ist dann das deutliche Zeichen dafür, daß es höchste Zeit ist ins Bett zu gehen. Der Sand steht dem Traum also sehr nahe; er führt in den Traum und aus dem Traum!

Ein schatzhütender Geist wirft denen, die sich den Schatz aneignen wollen, Sand in die Augen. Die Menschen machen es etwas sanfter, in dem sie jenem Sand in die Augen streuen, der etwas kaufen soll, damit er es nicht so genau unter die Lupe nimmt.

In der Oberpfalz werfen Hexen, die Menschen am Körper schaden wollen, „blauen" Sand auf sie. (Manch farbiger Sand ist oft radioaktiv, zum Beispiel Uranoxid, und wirklich gesundheitsschädlich!)

Die von Geistlichen gebannten bösen Geister (Wiedergänger, Meineidige, Mörder) verlangen oft, am Ziel ihrer Verbannung angekommen, eine Aufgabe, nach deren Lösung sie frei sein sollen. Eine der gewöhnlich gestellten Aufgaben ist, Sandkörner zu zählen.

Einem hessischen Bauern, der verarmt ist, verspricht der Teufel zu dienen, wenn er stets Arbeit für ihn habe, sonst sei er ihm verfallen. Der

Teufel bringt jede Arbeit schnell fertig, dem angsterfüllten Bauern fällt nichts mehr ein; da rät ihm seine Frau, dem Teufel die Aufgabe zu stellen, aus einem Sandhaufen ein Seil zu drehen, das noch den Kindeskindern hält, und der Teufel muß wütend abziehen. - Ähnliche Sandstrickaufgaben finden sich ebenfalls auf Island und im Orient.

In einer niederländischen Sage wird eine Mahr "gezeichnet" und unschädlich gemacht, indem man eine Handvoll trockenen Sand in die Luft und in jedes Eckchen des Zimmers wirft.

Es wird auch von einem Handwerksburschen berichtet, welcher Gewitter machte, indem er an einen Bach trat, Sand herausholte und diesen rückwärts ins Wasser warf; alsbald zogen Wolken auf, und es kam ein entsetzliches Hagelwetter.

Der Sand spielt auch in der Volksheilkunde eine gewisse Rolle. Besonders magisch wirksam ist der Sand vom Kirchhofspfad oder von den Schuhen, in denen man zum hl. Abendmahl gegangen ist, gegen Behexung und Krankheit. Gegen Warzen hilft Waschen der damit behafteten Stellen mit Sand aus der offenen Gruft eines Toten vom anderen Geschlecht; doch muß es stillschweigend geschehen und der Sand wieder im Namen Gottes in die Gruft geworfen werden.

Auch Sand, von den Zweigen einer alten Rottanne an der Erde rein gefegt, läßt, dreimal auf die Warzen gestreut, diese verschwinden.

Reiner, weißer Sand, auch Scheuersand, löffelweise mit Wasser eingenommen, gilt als Mittel gegen das kalte Fieber.

Treibsand aus Flüssen, mit reinem Brunnenwasser eingenommen, soll gegen Magenschmerzen helfen.

Allgemein empfiehlt man, geschwollene Glieder in heißen Sand zu baden. Rachitische Kinder bettet man in heißen Sand ein.

In Ostpreußen wird der Herde, wenn sie beim ersten Austrieb im Frühjahr den Hof verlassen hat, Sand vom Kirchhof entgegengeworfen, damit das Vieh nicht einander stößt; auch bewirft der Hirt das Vieh mit Sand von Maulwurfshügeln, dann wird es blitz-blank wie der Maulwurf selbst.

Sand auf die Füße streuen verzögert die Hochzeit; fällt einem Mädchen beim Sandschütten Sand auf die Füße, so bleibt es ledig.

Erste Schritte

Wir wollen dieses Buch bewußt nachvollziehbar gestalten und aus diesem Grund möchte ich auch mit den ersten und den ganz einfachen Schritten zur Sandmalerei beginnen.

Der Sandkasten

Zum ersten Mal im Leben begegnen wir dem Sand meistens als kleines Kind im Sandkasten. Ein tolles Element, denn je nachdem ob es gerade feucht oder trocken war, veränderte es sich, fühlte sich anders an. Das krabbelte und war alles ganz aufregend.

Versuchen Sie sich doch einmal an diese Zeit zu erinnern oder wieder dieses Gefühl wachzurufen, welches Sie als kleines Kind im Sandkasten hatten – dies ist bestimmt eine interessante Erinnerung.

Was haben wir damals als kleine Kinder alles mit dem Sand angestellt? Burgen gebaut, mit Formen Kuchen gebacken, damit geworfen wenn uns jemand ärgerte, ihn außerhalb des Sandkastens verstreut und vielleicht auch das eine oder andere Symbol mit einem Stock in den Sand gezeichnet. Als Teenager zeichneten wir dann zwei Herzen in den Sand und beschworen auf diese Art und Weise unsere erste Liebe – das sie nur von so kurzer Dauer war, lag aber bestimmt nicht am Sand ...

Sand ist also ein einzusetzendes Material, welches sich vielseitig einsetzen läßt.

Das Gefühl für den Sand

Als kleine Kinder gehen wir unbefangen mit Neuem um, als Erwachsene müssen wir meist erst die verschiedenen Filter dessen, was wir Bewußtsein nennen, ausschalten.

Wann hatten Sie zum letzten Mal Sand zwischen Ihren Fingern? Da wir uns hier mit Sandmalerei und dem Umgang mit Sand beschäftigen empfehle ich, diese Sand-Erfahrung schleunigst nachzuholen. Gehen Sie einmal auf die Suche nach dem Sand in Ihrer Umgebung. Wenn Sie Ihr Bewußtsein auf das Material Sand ausrichten, werden Sie staunen, wo er sich plötzlich überall findet. Betrachten Sie ihn, erfühlen Sie ihn. Versuchen Sie die Unterschiede zwischen den Sandarten festzustellen.

Die Wahrnehmung

Bereits beim Sammeln des Sandes können Sie Ihre Wahrnehmung einmal nur auf das Gefühl ausrichten. Wie lange haben Sie schon keinen Sand mehr in der Hand gehabt? Und wann haben Sie das Material Sand zum letzten Mal wirklich bewußt wahrgenommen? Das ist doch ein faszinierendes Gefühl, wie man den Sand formen kann wenn er feucht ist, oder wie er einem durch die Hand rinnt, wenn er trocken ist. Spielen Sie ruhig einmal wieder mit oder im Sand. Das Spielen ist der erste Weg zurück zu unseren Träumen.

Dabei werden Sie auch die Vielfalt im Sand erkennen. Nicht jeder Sand ist gleich. Jetzt betreten wir den metaphysischen Bereich: Jedes Sandkorn unterscheidet sich vom anderen, ebenso wie sich jeder Mensch vom anderen unterscheidet. Der Sand in der Hand ist wie das Universum: Jedes Teil ist einzigartig und ergibt zusammen wiederum ein einzigartiges Gebilde. Und eben dieses wollen wir nun mit unserem ersten einfachen Sandbild erschaffen.

Der Weg zum ersten Sandbild

Während der Suche nach dem Gefühl für den Sand nehmen Sie am Besten gleich ein paar Plastiktütchen mit auf den Weg; da hinein füllen Sie auf Ihren Erkundungen dann eine Handvoll des gefundenen Sandes ab und nehmen ihn mit nach Hause. Legen Sie sich eine Sand-Sammlung zu. Verschiedene Färbungen, verschiedene Körnungen.

Ihr Erkundungsweg wird Sie sicherlich zunächst zum Sandkasten führen, von dort aus können wir unseren Weg ausdehnen: Der nächste Baustoffhändler hält viele verschiedene Sandarten zur Verfügung. Eine Sandgrube (die es vielleicht in Ihrer Nähe gibt – am besten einmal einen Einheimischen fragen!) ist zum einen sehr ergiebig und andererseits ein landschaftliches Erlebnis.

Suchen Sie Ihren Sand. Geeignet sind alle Sandarten, außer dem Vogelsand, welcher durch seinen hohen Muschelanteil völlig ungeeignet für die Sandmalerei ist. Quarzsand, wie Sie ihn bei Baustoffhandlungen bekommen, ist hingegen sehr gut geeignet.

Achten Sie bei der Suche nach Ihrem Sand ein bißchen darauf, daß sie möglichst viele unterschiedliche Färbungen bekommen. Umso interessanter wird Ihr erstes Sandbild.

Das erste Sandbild

Nehmen Sie eine glatte Unterlage, zum Beispiel dickeres Sperrholz, und zeichnen Sie darauf ein Bild mit großen Flächen. Versuchen Sie doch Lizzy (siehe Seite 12) nachzuzeichnen. Achten Sie darauf, daß sie große Flächen schaffen und nicht zu sehr ins Detail gehen. Die Flächen werden später mit Sand bestreut.

Selbstverständlich können Sie auch ein ganz einfaches Symbol wählen, wie zum Beispiel eine Wolke, die Sonne oder einen Stern.

Die Trockenübung

Wir beginnen mit einer Trockenübung und fertigen nun unser erstes traditionelles Sandbild. Traditionelle Sandbilder werden ohne Kleber erstellt, daß heißt sie können auch nicht konserviert werden. Das Bild wird nur gestreut und anschließend auch wieder zerstört. In einem späteren Abschnitt des Buches werden Sie erfahren, daß dies zum Beispiel in Tibet zum Ritual der Sandmalerei dazugehört.

Nachdem Sie also die Außenflächen von Lizzy oder Ihrem gewählten Symbol mit einem Bleistift auf der festen Unterlage skizziert haben, nehmen Sie den Sand ihrer Wahl in die Hand und streuen ihn vorsichtig über die Fläche. Nur ganz dünn, so daß die Flächen gerade eben bedeckt sind. Die exakten Konturen können Sie anschließend mit einem festen Pinsel oder einem Lineal herausarbeiten. Vielleicht wollen Sie auch eine oder mehrere Flächen mit unterschiedlichen Sandfarben gestalten, oder die Außenränder der Zeichnung mit hellerem Sand hervorheben. Lassen Sie Ihrer Phantasie und Kreativität freien Lauf. Versuchen Sie auch diese Übung zu Ihrer vollen Zufriedenheit zu beenden, auch wenn dies kein Bild von Dauer sein wird. Je besser Sie die Trockenübung hinbekommen, umso leichter wird Ihnen die Arbeit auf dem Kleber gelingen, welche im folgenden auf sie wartet.

Wenn das Bild in Ihren Augen fertig ist, nehmen Sie bitte ein bißchen Abstand von dem Ganzen, bewundern Sie Ihr erstes Kunstwerk und machen vielleicht ein Photo zur Erinnerung. Schließlich ist es Ihr erstes Sandbild!

Wie Sie nun von Ihrem ersten Sandbild Abschied nehmen möchten sei Ihnen überlassen. Spannend könnte es zum Beispiel sein, wenn Sie das Sandbild nach draußen bringen und Wind und Wetter aussetzen. Dann können Sie zuschauen, wie die Natur Ihr Bild verwandelt und zu etwas völlig Neuem werden läßt. Aber neben Wind und Wetter sorgen auch Katzen und Kinder für schnelle Veränderung ...

Und jetzt geht es zum haltbaren Sandbild:

Besorgen Sie sich den speziellen Sandkleber der Firma Xephyr (Adresse im Anhang) oder einen weißen Holzleim. Bei herkömmlichem Holzleim sollten Sie darauf achten, daß es nicht gerade Express-Kleber ist, da dieser für gewöhnlich sehr schnell – zu schnell – antrocknet.

Schauen Sie sich Lizzy an und tragen Sie nun auf alle Felder einer Farbe gleichmäßig den Kleber auf. Sie können den Kleber leicht mit einem Pinsel verteilen.

Wenn Sie beabsichtigen, dieses Sandbild später aufzuhängen, befestigen Sie vor dem Beginn Ihrer Arbeit zwei Bilderhäkchen an der Rückseite der Holzplatte!

Streuen Sie nun den Sand einer Farbe direkt aus der Hand mit den Fingerspitzen oder aus einem Glasröhrchen über die mit Kleber bestrichenen Flächen.

Nach ca. 10-20 Minuten Trockenzeit, kippen Sie den überschüssigen Sand über einer Zeitung oder einem Blech ab. Fahren Sie mit der nächsten Farbfläche fort, und machen Sie solange weiter, bis das Bild fertig ist.

Jetzt haben Sie ein einfaches Sandbild erstellt und dieses können Sie sich sogar an die Wand hängen. Auf diese Art und Weise lassen sich schon eine ganze Menge toller Bilder herstellen. Natürlich bietet der natürliche Sand nicht eine solche Vielfalt wie professioneller Farbmalsand, aber für den Anfang reicht ihnen das vielleicht schon. Es geht ja auch darum zunächst ein Gefühl für das Sandmalen zu bekommen.

In den folgenden Kapiteln finden Sie dann auch den Schritt vom natürlichen Sand zum Farbsand und erfahren, was alles hinter den Farben steckt.

Kaktus - Indianermotiv

20

Sand, Technik
und die Insel der Stille

Die Technik der Sandmalerei ist sehr leicht zu erlernen und wir kommen auf schnellem Wege zu einem schönen Ergebnis. Bereits bei den ersten Schritten haben wir bemerkt, wie man in diese Tätigkeit des Sandmalens versinken kann, wie plötzlich Zeit und Raum aus dem Bewußtsein verschwinden, die Welt sich nur noch um die Tätigkeit zu drehen scheint. Hier sind wir bereits, ohne es direkt als solches zu erkennen, in einen meditativen Zustand versunken. Bisher waren wir vielleicht der Meinung, daß Meditation nur etwas für Menschen wäre, die ein bißchen weltverrückt daherkommen und sich mit Räucherkerzen benebeln, doch Meditation ist ein natürlicher Zustand und das Material Sand wurde schon immer mit Meditation in Verbindung gebracht, denken wir nur allein einmal an die rituellen Sandgärten des Zen.

Meditation entsteht von selbst, wenn die entsprechenden Bedingungen gegeben sind. Mit der Zeit kommt man auf den Geschmack und möchte diesen Zustand, diese Insel der Stille, immer wieder aufsuchen. Unsere Vorfahren saßen ums Feuer herum und schauten in die züngelnden Flammen, deren Form zwar immer die gleiche blieb, sich aber doch immer aus sich heraus verwandelte. Wenn die Wahrnehmung über unsere Augen im Feuer versinkt, versinkt auch die Welt um uns herum, die Worte verstummen und die Traumbilder steigen aus der Seele empor. Das geistige Selbstgespräch, welches uns immerzu begleitet, verstummt und dies ist der Anfang aller Meditation. Die Wege in das Innere des Menschen und hinein in eine Form der Entspannung öffnen sich. Diesen Zustand können wir vor einem Lagerfeuer, einem Fluß, aber eben auch sehr leicht während des Sandpaintings erreichen.

Je weiter wir auf dem Weg der Praxis der Sandmalerei voranschreiten, je weniger Gedanken wir uns um die Technik machen müssen, umso mehr tritt der meditative Aspekt in den Vordergrund. Sandmalerei ist uraltes rituelles Kulturgut dieser Erde – was wir jetzt erleben, ist der Anfang einer abenteuerlichen Reise in unsere Innenwelten und in andere Dimensionen. Und dies völlig frei von Rauschmitteln.

Mit jedem Sandpainting, welches Sie vollenden, erweitert sich Ihr innerer Tempel des Friedens.

Feng-Shui-Garten: Die Felsen (Steine) symbolisieren die Berge, der Sand (Kies) das Wasser. Das Harken des Kieses und die Meditation über die feinen Linien auf dem Felsen sind ein Teil des Weges zur Unsterblichkeit, weil sie helfen, den Sinn des Lebens zu verstehen. [1]

---

[1] *Abb. und Bildunterschrift aus Hale, Gill, „Feng Shui Garten Praxis", Urania Verlag 1998*

Sand & Kunst

Was ist eigentlich Kunst?

Was ist das eigentlich: Kunst? Wir gehen bei unserem Erklärungsmodell einmal von einem Maler und seinem Bild aus. Ein Mensch erlernt die Technik des Zeichnens, des Malens und kann so dann sehr realistische Abbilder dessen schaffen, was er mit seinem Auge erblickt. Er kann dies nicht so detailiert wie ein Fotoapparat, doch auch andere Betrachter können das Gemalte wiedererkennen und in ihrer Umgebung finden. Je besser die Technik, umso detailgetreuer die Abbildung. Nun begegnet der Maler aber auch seinen eigenen Gedanken, seinen Gefühlen und vor allem seinen inneren Bildern; mit der Zeit stellen sie sich wie von selbst ein und wollen aus manchmal unbegreiflichen Gründen materialisiert werden, auf die Leinwand kommen, damit ... ja warum eigentlich? Damit sich der Maler von diesen Bildern befreit? Damit andere Menschen diese Bilder nachempfinden können, sich nicht mehr alleine auf dieser Welt meinen, sondern eine Art Seelenpartner in dem Maler erkennen?

Es geht meines Erachtens um das Erkennen einer anderen Realität, das Auffinden einer Erkenntnis, die sich nur über ein Medium ausdrükken kann, welches imstande ist unsere alltäglichen Filter kurzfristig außer Kraft zu setzen. Plötzlich erkennen wir vielleicht den Künstler hinter dem Bild, die wirkliche Landschaft seiner Seele, seinen Traum, nicht sein bewußtes Wollen. Und ich wage zu behaupten, daß das Tun und kulturelle Schaffen unter uns Menschen der modernen Welt mehr und mehr darauf ausgerichtet ist, auch anderen Menschen den gemeinsamen Traum und die Landschaften der Seele erkennen und verstehen zu lassen – damit die weltliche Einsamkeit ein Ende hat.

An dieser Erkenntnis haftet nichts Schlimmes oder Erschreckendes. Manchen mag sie vielleicht zu einem Lächeln über sich selbst und sein Schaffen anregen – dann hat diese Erkenntnis schon die rechten Früchte getragen. Setzen wir aber diese Erkenntnis um, finden wir etwas Faszinierendes: Jedes Bild eines Künstlers, welches aus seinem Inneren kommt und die Technik des Malens in den Hintergrund treten läßt, stellt so etwas wie eine Landkarte dar, die es möglich macht, uns bisher unbekannte Welten zu bereisen. Der Künstler kann uns so von seinen Seelenreisen berichten und lädt uns ein, ihn ein Stück des Weges zu begleiten.

Ein künstlerischer Prozeß führt also manchmal dazu, daß die Bilder der Seele sich als Landkarten der Erkenntnis manifestieren und damit anderen Menschen die Möglichkeit gewähren, diese Wege ebenfalls zu bereisen!

Sandbilder sind Landkarten

Viele Sandbilder, denen wir im Laufe unserer folgenden Reise begegnen werden, sind solche Landkarten. Meist jedoch sind es Landkarten die über eine Einzelseele hinausgehen, die Gruppenseele der Menschen ansprechen und somit aus dem Bereich des Göttlichen kommen. So großspurig wie sich dies vielleicht anhören mag, so bescheiden stellt sich in diesem Moment doch unsere Sprache dar, welche diese Zusammenhänge noch nicht einmal annähernd beschreiben kann. Die Rede ist hier von den tibetischen Mandalas, den Dotpaintings der australischen Aborigines, den Sandpaintings der indianischen Navajos und den Felsritzungen der Steinzeit im Norden Europas. Zu diesen Bildern gehören religiöse Hintergründe eines Volkes, welche für Angehörige anderer religiöser oder ethnischer Gruppen oft schwer zu verstehen sind.

Bilder im Sand – mal andersrum

Wir erinnern uns noch gut an unser erstes Sandbild mit Lizzy. Nun wollen wir eine kleine und abschließende Übung zu der Arbeit ohne Farbsand machen, um dann in die Welt der Farbe einzutauchen.

Aborigine beim Skizzieren eines Traumbildes

Sie können diese Übung mit einem Stab oder ihrem Zeigefinger machen. Schütten Sie einfachen Sand auf eine große Fläche oder gehen Sie zu einem Sandkasten. Glätten Sie den Sand und zeichnen Sie mit dem Stab oder Zeigefinger Lizzy als Negativ in den Sand. Selbstverständlich bleibt es Ihnen überlassen, welches Motiv Sie wählen, aber es wäre günstig, wenn Sie auf unsere vertraute Lizzy zurückgreifen, damit Ihnen der Unterschied klar wird.

Wenn Sie mit Ihrem Werk fertig sind, können Sie mit Fug und Recht behaupten, eine wirklich alte Tradition aufgenommen zu haben: Sie haben etwas in den Sand gemalt! Banal? Nein.

Versetzen Sie sich einmal in frühere Zeiten: Sie treffen auf einer langen Wanderung auf einen Menschen, der Sie nach dem Weg fragt. Es gibt keine andere Möglichkeit, als den Weg aufzuzeichnen. Bleistift und Papier fehlen, also zeichnen Sie Ihre Landkarte in den Sand, oder ritzen sie in die Erde. Die Zeichnung ist zwar nicht transportabel, kann sich jedoch besser im Gedächtnis Ihres Gegenübers verankern, als viele Worte, wie oft wir sie auch wiederholen. Eine Zeichnung ist immer einprägsamer als die beste Wegbeschreibung.

Und mit dieser Feststellung stoßen wir plötzlich einen gewaltigen Schritt nach vorn: Sandbilder sind Landkarten, Wegbeschreibungen, die in der realen Welt angewandt wurden und werden. Sie beschreiben Geistpfade.

Unter diesem Gesichtspunkt werden wir uns nun einmal in der Welt umschauen und versuchen den Sinn hinter den unterschiedlichen Bildern zu verstehen.

Bild vorhergehende Seite:
Quelle: Anna Voigt, Nevill Drury: Das Vermächtnis der Traumzeit, ISBN 3-426-29045-6, Fotograf: Neil McLeod

Sand & Meditation

Wir bringen Farbe in die inneren Bilder

Sandmalerei wird erst so richtig schön und zu einem berauschenden Erlebnis wenn wir zu farbigem Sand greifen. Wie bereits in der Vorrede erwähnt: "Es ist das Gefühl, wenn der bunte Sand aus der Hand rinnt. Von der Mitte heraus wächst das Bild und erzählt eine eigene Geschichte. Es ist deine Geschichte ...".[1]

In den populären Kinofilmen »Sieben Jahre Tibet« und Martin Scorsese's »Kundun« waren sie zu sehen: Tibetische Mönche, die mit einer faszinierenden Präzision riesige Mandalas aus farbigem Sand entstehen

Das gleichmäßige Fließen des Sandes und die erforderliche Genauigkeit ermöglichen die Art der inneren Versenkung, die für die Meditation erforderlich ist.

27

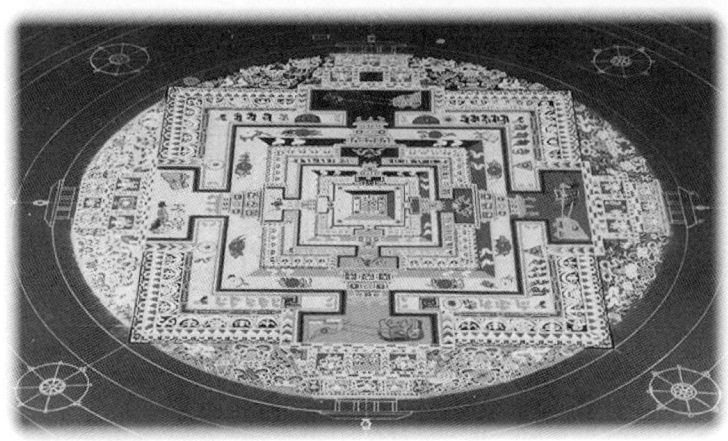

Tibetisches Mandala

ließen. Für westliches Besitzdenken ist es kaum vorstellbar, daß diese Kunstwerke nach der Fertigstellung zusammengewischt und in einen Fluß geworfen werden. Symbol für die Vergänglichkeit der Zeit und aller Dinge? Oder ist die äußerliche Darstellung des Mandalas unbedeutend gegenüber einer unvergleichlichen inneren Vision geworden? Für viele Menschen sind Mandalas einfach schön. Das ist richtig, und kann auch so für sich stehen. Neben der reinen Schönheit der geometrischen Figuren darf man aber weder die meditative Praxis des tibetischen Buddhismus noch die Vermittlung tiefster religiöser Wahrheiten vergessen, die über die einzigartige Bildersprache und Visualisierung der Mandalas möglich werden.

»Der tibetische Buddhismus setzt in einer Intensität wie keine andere Form des Buddhismus und wie kaum eine andere Religion bildliche Darstellungen zur Vermittlung tiefster religiöser Wahrheiten ein. Die Figuren und Malereien geben jedoch das, was sie darstellen sollen, nur andeutungsweise wieder. Sie sind nur Aspekte des Absoluten und Spiegelungen, nicht jedoch das Absolute selbst in seiner ganzen Pracht und Wonne. Das Absolute manifestiert sich vielmehr in jedem und allem, und Ziel jeder Bildmeditation, wie auch die Mandala-Meditation eine darstellt, ist es, dieses klar leuchtende Göttliche zu entdecken, ja es selbst zu verwirk-

28

lichen und an ihm teilzuhaben. Dazu bedient sich die praktizierende Person besonderer Übungen, in denen sie sich läutert und ihr Bewusstsein dem göttlichen Ursprung näher bringt.

Als Hilfsmittel für Visualisationen dienen bildliche Darstellungen, man könnte sagen: Vor-Bilder - oder Idole, welche die meditierende Person vor sich aufstellt oder aufhängt. Einen besonderen Typus solcher Visualisationsbilder stellen die Mandalas dar.«[2]

Was bedeutet Mandala?

Wir erleben heute eine Flut von Bildern, die sich als Mandalas ausgeben. Leider haben sie ihren spirituellen Hintergrund meist völlig verloren und stellen sich nur noch als Konsumgut für groß und klein mit der Eigenart eines Äußeren und eines Mittelpunktes dar.

C.G. Jung beschrieb das Mandala als Abbildung eines seelischen Zentrierungsvorgangs, das Motiv zu einem Archetypus zur Individuation. – Doch die Zentrierung eines Mandala beginnt weit vor der Seele und um dies zu verstehen, müssen wir erst das buddhistische Weltbild kennenlernen, aus dem das Mandala (sanskrit: "Kreis") hervorgekommen ist.

Das buddhistische Weltbild setzt im Gegensatz zu unserem gewohnten "europäischen" mittelalterlichen Weltbild nicht die Erde und die Menschen in das Zentrum des Kreises, sondern die Götter und ihre Welten bilden die Mitte eines solchen Weltgefüges, während die Menschen und andere Lebewesen ein Dasein am Rande des Zentrums führen.

Traditionelle Mandalas sind uralte Landkarten der Weltsicht eines Volkes, die zum einen durch ihre Wiedererschaffung auf die Welt selbst und natürlich auf die wiedererschaffenden Menschen wirken. Aus diesem Grund stehen solche Mandalas auch nicht allein, sondern sind eingebettet in Zeremonien, Lieder und Geschichten.

Die oben erwähnte Zentrierung findet statt, jedoch wird nicht der Mensch zentriert, sondern seine Außenwelt, die innen ist! Es wird ein Weltbild erschaffen und traditionell auch wieder zerstört – für westliche Menschen ein undenkbares und völlig sinnloses Unterfangen, da bei uns nicht die Umwelt im Mittelpunkt steht, sondern der Mensch. Aus diesem

Grunde kam Jung wohl auch zu dem Schluß, das es sich hierbei um etwas handeln müsse, was den einzelnen Menschen, das Indiviuum betreffe.

Zweidimensionale tibetische Mandalas

»Die zweidimensionalen Mandalas werden entweder auf einen Stoffgrund gemalt oder mit farbigem Pulver auf eine ebene Fläche gestreut. Letztere werden am Ende des entsprechenden Mandalarituals völlig zerstört, während die gemalten Mandalas über längere Zeit hinweg aufbewahrt werden können.

Dadurch, daß je zwei gegenüberliegende Eckpunkte des Quadrats durch eine Linie verbunden werden, entstehen vier gleich große Dreiecke, deren Spitzen sich in der Mitte des Mandalas berühren. Jedes Dreieck fällt mit einer Himmelsrichtung zusammen und weist eine ihm eigene Farbe auf. Normalerweise ist der Ostteil (der auf tibetischen Malereien stets dem Betrachter zugewandt ist) weiss, der Süden gelb, der Westen rot und der Norden grün, während der fünften Himmelsrichtung, der Mitte, die blaue Farbe zugeordnet ist. Die Mitte jeder der vier Aussenseiten des Quadrats ist durch eine T-förmige Ausformung unterbrochen. Dabei handelt es sich um Eingangstore, denn das Quadrat im Mandala ist nichts anderes als ein Gebäude, beziehungsweise der Grundriss eines Palastes.

In der grossen Fülle von Mandalas gibt es auch solche, die statt der Gottheiten nur Symbole aufweisen, durch Punkte markiert sind, die Keimsilben der betreffenden Gottheiten enthalten oder gänzlich leer sind, was ein grösseres Vorstellungsvermögen vom Benutzer des betreffenden Mandala erfordert.«[3]

Das Weltbild befrieden

Traditionell wird ein Mandala erstellt, sobald eine Störung des Gleichgewichts vorhanden ist. Zu jedem tibetischen Mandala gibt es einen Text oder eine mündliche Überlieferung, die Anweisungen zur Erstellung eines »Geistgebildes«, einer Imagination oder Vision des Mandalas enthält. Diese Texte, wie zum Beispiel das »Shri-Chakra-Sambhara-Tantra«, enthalten ausführliche Beschreibungen, zum Beispiel des prächtigen geistigen Palastes auf der Mitte des Weltenberges Meru. Das dazugehörige Kâlacakra-Mandala (siehe Abb. 19 - 29 im Bildteil) wird aus farbigem Sand erstellt und stellt die quadratische Aufsicht dieses Palastes dar. Der Kreis um diesen »Grundriss« markiert die, ebenfalls in Aufsicht gesehene, Vajra-Schutzglocke, die den Palast von der Außenwelt abschirmt. Natürlich kann das Sandbild Beschreibungen wie »Durchsichtige Wände, die wie Regenbogenfarben schillern« nur unzulänglich wiedergeben. Hier hilft dann die meditative Qualität des Sandmalens: Das gleichmäßige Fließen des Sandes, die erforderliche Genauigkeit bei der Bearbeitung der exakten Flächen, ermöglichen erst die Art innerer Versenkung, die für die Meditation und Imagination erforderlich ist.

Der Lohn der Mühe ist das Finden der Mitte, unseres eigenen, inneren Mandalas (= Weltbildes) und der Balance im Geistbereich des Mandalapalastes, in der eigenschaftslosen Leere, wo weder Worte noch Bilder existieren.

Der Lohn der Mühe ist das Finden der Mitte.

31

»Im Kalachakra-Tantra ist die Theorie der strukturellen Zusammenhänge und Entsprechungen aller Dinge und insbesondere von Universum, Mandala und menschlichem Körper besonders weit entwickelt. So
entsprechen die Menschen in Zusammensetzung, Aufbau und innerer Pe-
riodik exakt dem Kosmos, wie auch Korrelationen zwischen dem Menschen und dem Mandala sowie dem Mandala und dem Kosmos existieren.«[4]

---

[2]Martin Brauen (http://www.tibetfocus.com)
[3]Martin Brauen (http://www.tibetfocus.com)
[4]Martin Brauen (http://www.tibetfocus.com)

Anleitung zur Sandmalerei

Kurzanleitung, Schritt für Schritt:[5]

Schritt 1:

Erstellen Sie, am besten mit einem Bleistift, eine Vorzeichnung auf dem Malgrund.

Schritt 2:

Tragen Sie auf alle Felder einer Farbe gleichmäßig Kleber auf.

TIP: Benutzen Sie für Flächen entsprechende Pinsel und für feinere Linien die Kunststoffspritzflasche.

TIP: Die Spitze der Kunststoffspritzflasche muß vor Gebrauch mit einem spitzen Gegenstand aufgestochen werden. Benutzen Sie hierfür am besten eine Stecknadel.

Schritt 3:

Streuen Sie Sand einer Farbe direkt aus der Hand oder dem Glasröhrchen über die mit Kleber behandelten Flächen und Linien.

Schritt 4:

Nach ca. 10-20 Minuten Trockenzeit kippen Sie den überschüssigen Sand über einer Folie oder einem Blech ab. Beginnen Sie wieder bei Schritt 2 und tragen Sie die nächste Farbe auf. Wiederholen Sie diese Schritte bis Ihr Sandbild fertig ist.

Im Farbteil auf den Seiten II bis V finden Sie noch weitere Details. Lotte zeigt Ihnen hier, wie sich selbst anspruchsvolle Motive wie das des Salamanders kinderleicht aus dem Sand hervorzaubern lassen. Auch die einzelnen Arbeitsschritte sind deutlich zu erkennen: Vorzeichnen des Motivs, Auftragen des Klebers, Ausstreuen des Farbsandes und Abschütten des überschüssigen Sandes nach Trocknung des Klebers.

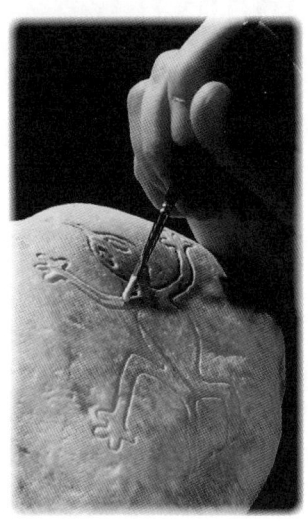

zu Schritt 3

zu Schritt 2

zu Schritt 4

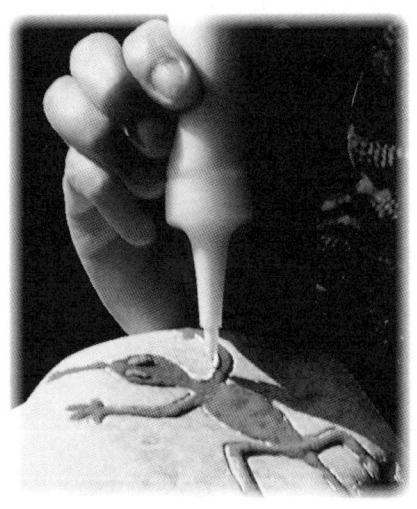

34

Traditionelle Sandbilder ohne Kleber

Traditionelle Sandbilder sind meist linear begrenzte geometrische Figuren. Das heißt es gibt keine Farbverläufe. Jede Farbe steht für sich und ist streng durch eine Linie von ihrer Nachbarfarbe getrennt. Die berühmtesten traditionellen Sandbilder sind die »Mandalas« der tibetischen Mönche sowie die »Drypaintings« der Navajo Indianer. Bei der Erstellung eines traditionellen Sandbildes geht man am besten wie folgt vor: Suchen sie sich zunächst ein Motiv. Wählen Sie am Anfang ein Motiv mit möglichst wenigen und großen Farbfeldern aus, da feinste Details sehr viel Übung benötigen. Übertragen Sie das Motiv als Vorzeichnung auf Ihre Malunterlage. Lassen Sie den Sand direkt aus dem Glas oder durch Ihre Finger auf ein Feld rieseln. Sand, der über die Begrenzungen hinaus gelangt ist, wird mittels geeigneter Gegenstände (Lineal, Papier oder Messer) bündig zur Linie zurückgeschoben. Ein nachträgliches Fixieren des Sandes ist bei dieser Technik nicht möglich. Sie können das fertige Sandbild weder aufhängen noch längere Zeit aufbewahren.

Das Arbeiten mit Schablonen

Als Schablone eignen sich alle flachen Materialien, die Sie bei einem Wald- oder Strandspaziergang finden: Blätter, Gräser, Kiesel, Zweige etc. Legen Sie ein Blatt auf die Malunterlage und fahren Sie die Ränder mit Pinsel und Kleber nach. Sie können auch Sprühkleber verwenden. Streuen Sie die Sandfarben Ihrer Wahl über den Kleber und entfernen Sie die Schablone. Sie können die Schablone auch mehrfach verwenden. Schablonenformen kann man auch auf Papier vorzeichnen und vorsichtig ausreißen oder mit einem scharfen Messer (Cutter) ausschneiden.

Dreidimensionale Sandbilder und Skulpturen

Indem man mehrere Schichten Sand übereinander aufbaut, lassen sich sehr eindrucksvolle Reliefstrukturen erzeugen. Lassen Sie jede Schicht gut durchtrocknen, bevor Sie eine weitere Schicht hinzufügen. Sie können auch Sandskulpturen herstellen. Stellen Sie zunächst eine Skulptur

Das Ergebnis: Der „Lizzystone“

aus einem einfach zu bearbeitendem Material her. Hierzu eignen sich besonders Blähbeton (Ytong), Speckstein, weiches Holz oder Pappmaché. Sie können auch fertige Objekte verzieren, z.b. gefundene Steine, Ostereier etc. Tragen Sie Kleber oder Sprühkleber wie gewohnt auf und bestreuen Sie die Oberflächen mit farbigem Sand.

Sandbilder als Familien- und Gruppenarbeit

Das Planen und Anfertigen eines (großen) Sandbildes eignet sich hervorragend zur Gruppenarbeit. Kreisförmige Mandala-Motive können zum Beispiel in mehrere Tortensegmente aufgeteilt werden. Jeder Teilnehmer gestaltet dann sein eigenes Segment und gibt damit dem Gesamtbild seine individuelle Richtung. Wichtig sind hier, wie bei allen Sandbildern, die Vorzeichnungen und Planungen, die man vorher gemeinsam abstimmen sollte. Jeder Teilnehmer am gemeinsamen Sandbild arbeitet sich dann von der Spitze seines Segments (also von der Mitte des Kreises) nach außen hin vor, bis sein Segment fertiggestellt ist. Wir empfehlen für ungeübte Teilnehmer die traditionelle Methode, d.h. das Arbeiten ohne Kleber.

Tips

• Alle Farben wirken kräftiger, wenn Sie mit weißer Acrylfarbe untermalen.

• Belassen Sie den einfachen Hintergrund der Malvorlage. Versuchen Sie nicht, Hintergründe nachträglich hinzuzufügen. Falls Sie einen durchgängigen Hintergrund aus Sand wünschen, können Sie die Malunterlage mit einer kleinen Farbrolle gleichmäßig dünn mit Kleber bestreichen. Streuen Sie dann möglichst hellen Sand über die ganze Fläche und lassen Sie sie gut durchtrocknen.

• Versuchen Sie sich bei Ihren Vorzeichnungen anfangs mit möglichst großen, einheitlichen Farbflächen statt mit kleinsten Details.

• Setzen Sie die Farben anfangs immer nebeneinander, nie aufeinander.

• Sie können farbigen Sand auch zur Verzierung von festen Gegenständen verwenden. Beispiel: Steine, Gegenstände aus Holz oder Pappe, Glas etc.

• Sie können sparsamer arbeiten, wenn Sie alle Farbflächen derselben Farbe mit Kleber bestreichen und dann ausschließlich diese eine Sandfarbe aufstreuen. Wenn Sie den überschüssigen Sand abkippen, bleibt der Sand unvermischt und die Farben rein. Sie können aber auch vermischten Sand ohne weiteres wiederverwenden.

• Gebrauchte Pinsel sollten Sie sofort mit klarem Wasser auswaschen.

• Der Kleber der Firma Xephyr z.B. härtet nach ca. 5-10 Minuten aus.

• Stellen Sie Bilder mit frischem Kleber nie aufrecht auf, zum Beispiel auf eine Staffelei. Der Kleber würde mit dem Sand nach unten fließen und das Bild zerstören.

• Sie können Schichten aufbauen, um einen starken Reliefeffekt zu erzeugen. Lassen Sie jede Schicht vollständig durchtrocknen.

• Drücken Sie den Sand nicht an. Er haftet allein durch den Kontakt mit dem Kleber.

• Wenn Sie mit der Anfertigung von Schablonen vertraut sind, können Sie diese für vielbenötigte Symbole und Figuren verwenden.

• Wenn Sie sehr viel Kleber auftragen, bricht die Struktur nach Aushärtung ein. Um dreidimensionale Effekte zu erzeugen, sollten Sie daher mehrere Schichten aufbauen.

• Kunststoffspritzflaschen lassen sich auch mit Sand befüllen und erlauben eine feinere Dosierung des Sandes.

• Falls Ihnen der Kleber zu dickflüssig erscheint, können Sie ihn mit Wasser verdünnen.

• Sie können den Sand auch vor dem Aufstreuen untereinander mischen, um interessante Effekte zu erzeugen.

• Interessante Effekte können mit Sprühkleber erzeugt werden.

• Der Kleber der Firma Xephyr wird nach der Aushärtung transparent, bei anderen Klebern (z.B. Baumarkt)sollten Sie vorher Versuche durchführen, um Haftung, Klebeverhalten und Transparenz zu ermitteln.

Pflege und Reinigung

Sandbilder bedürfen keiner besonderen Pflege. Wenn Sie lange Freude an Ihrem eigenen Sandbild haben wollen, sollten Sie jedoch einige Tips beherzigen:

Die Xephyr SandArt Sandfarben sind lichtecht, können jedoch nach intensiver und langer UV-Bestrahlung leicht ausbleichen. Hängen Sie Ihre Sandbilder also bitte an einen schattigen Ort. Sie können die Oberfläche Ihres Sandbildes mit einem weichen großen Pinsel von Staub befreien. Sie können das fertige Sandbild auch mit einem klaren Acryl-Lack besprühen, um es vor Umwelteinflüssen zu schützen. Testen Sie jedoch vorher unbedingt die Verträglichkeit des Klarlackes mit den Sandfarben.

Was ist Farbe?

Das Wort Farbe wird in den meisten Sprachen als Hülle oder Haut verstanden. Farbe hüllt also ein, kann schützen oder einen Mantel über etwas ausbreiten. Ebenso kann man seine Haut natürlich dadurch retten, daß man sie durch Bemalen wechselt, doch damit sind wir in einem anderen Bereich angelangt.

Die Bedeutung der Farben in der Sandmalerei ist von Kultur zu Kultur verschieden. Die Farben des Regenbogens verbinden die Welt der Menschen mit der Welt der Götter und so wollen wir es auch bei unseren Sandbildern halten. Die spirituelle Kraft lassen wir durch Form und Farbe entstehen.

Farbe wirkt auf die Seele des Menschen, kann aufwühlen oder beruhigen und vieles mehr. Sie sollten über die Farbgebung Ihrer Sandpaintings nicht zuviel nachdenken, sondern eher das „Herz und den Bauch" entscheiden lassen.

Auf den folgenden vier Seiten haben wir in einer Tabelle all das zusammengetragen, was wir so über Farben wissen bzw. in Erfahrung bringen konnten.

Spirituelle Farbenlehre

FARBE	KURZBEDEUTUNG	ELEMENT(E)
cremeweiß	Die Kraft des Lichts, Transformation, Übergang	Wasser und Luft
hellelfenbein	Potenz, Stärke	Feuer und Erde
zinkgelb	Alchemie, Hexenwissen	Luft
rapsgelb	Kraft, Anmut	Wasser
melonengelb tum	Bittere Süße der Hohepriesterin	Feuer
maisgelb	Reichtum, Nahrung	Erde
tieforange	Heilkraft der Sonne	Feuer
blutorange	Das wahre Blut, der Heilige Gral	Feuer
orientrot	Mystik, Schwermut, Vision	Wasser
feuerrot	Lebenskraft, Erwecker	Luft
karminrot	Meditation, Trance, Traum	Feuer
magentarot	Okkultismus, Symbolkraft	Feuer
purpurviolett	Spirituelles Wissen	Wasser und Luft
pastellblau	Gefühlvolle Berührungen	Erde
capriblau	Unwiderstehliche Verführung	Wasser

ERKLÄRUNG

Die Farbe des Lichtes und der Reinheit. Weiß ist die Farbe des Göttlichen. Wir stellen mit dieser Farbe das uns Umgebende, lebensspendende Fluidum des Kosmos dar. Gemeinsam mit den Kräften der Erde Quelle unseres Lebens.

Mit dieser Farbe wird die Kraft des Kosmos mit der Kraft der Erde verbunden und bildet somit die sich immer erneuernde Grundlage der Lebenskraft.

Das Wissen um die andere Welt wurde oft mit neidischen Blicken und Taten geahndet. So kennzeichnete man im Mittelalter sogar gesellschaftliche Schichten mit dieser Farbe. Die Verfemten, Dirnen, Verräter und Ketzer wurden mit dieser Farbe in Verbindung gebracht.

Die Farbe des Dionysos, dem schwelgenden Gotte des Genusses und der Lebensfreude.

Die Farbe der Sonne, welche Glückseligkeit verheißt. Jedoch ist der gewonnene Reichdes Intellektes oft sehr hinderlich, wenn wir unserem Instinkt freien Lauf lassen wollen.

Die Materialisation der Sonnenenergie, welche den Göttern geopfert und den Menschen zur Nahrung dient.

Die Kraft der Gefühle und die sinnlichen Belange des menschlichen Lebens, die uns immer wieder aufs Neue fordern und fördern, werden durch diese Farbe ausgedrückt.

Geist und Kraft vereinigen der sich in dieser Farbe.Die Macht des Intellektes vereint sich mit den Trieben und Instinkten des Menschen und läßt darausetwas grenzüberschreitendes entstehen.

Der Lebenserhalter über den Tod hinaus. Die Übergänge zwischen Jenseits und Diesseits werden fließend – die alten Götter kehren zurück in das Bewußtsein des Menschen.

Die Farbe der Liebe und der Leidenschaft. Ausdruck von Sex und Erotik, das Überleben der Menschen sichernd.

„Schließe die Augen und lerne zu sehen!", ist die Botschaft dieser kräftigenden Farbe.

Die Farbe der Macht und der grenzenlosen Liebe.

Die Kraft der Herrscher eines Volkes.

Zärtlichkeit und Behutsamkeit sind die Themen dieser gefühlvollen Farbe.

Die Sehnsucht unerfüllter Träume.

FARBE	KURZBEDEUTUNG	ELEMENT(E)
ultramarin	Kommunikation	Wasser
nachtblau	Geheimnisse, Rätsel	Feuer
violettblau	Das Tor zur Seele	Luft
stahlblau	Technik, Kampf, Sieg	Luft
wasserblau	Mutter, Schutz, Leben	Wasser
minzgrün	Exotik, Abenteuer	Luft
gelbgrün	Phantasie	Wasser
maigrün	Hochzeit, Fruchtbarkeit	Feuer
farngrün	Jugend, Kindheit	Erde
olivgrün	Naturverbundenheit	Erde
ockerbraun	Ahnenverehrung	Erde
orangebraun	Heilung des Körpers	Erde
oxidrot	Magische Kraft	Erde
schokoladenbraun	Klassische Erdverbundenheit	Erde
sepiabraun	Warme Erde, Schutz, Sättigung	Luft
schwarzbraun	Materieller Reichtum	Feuer und Erde
graphitschwarz	Das Unbekannte, das Unerforschbare	Wasser und Luft

Diese hier besprochenen Farben beziehen sich auf die Farbpalette, wie sie von der Firma Xephyr SandArt angeboten wird. (Siehe Bildtafel XXXII, Abb. 49 und 50)

Kommunikation bedeutet nicht nur reden, sondern bezieht sich auf alle vielfältigen wechselseitigen Beziehungen zwischen Menschen.

Geheimnisse und Rätsel durch Selbsterfahrung lösen können. In der Mitternacht ist der Keim des Morgens enthalten.

Die Dunkelheit einer Nachtfahrt durch die Strenge des Winters.

Der faszinierende Mars-Aspekt der Farben. Sehr kraftvoll.

Die umfassende Basis und Grundlage unseres Lebens.

Spannung und Erregung liefern die Energie für neue Erfahrungen. Wie herrlich ist das Abenteuer!

Imagination und Visionsfähigkeit sind die Basis der Träume.

Die Farbe der Freude und des Glücks.

Die Welt wieder mit offenen Augen sehen.

Das Einssein mit der Natur.

Alles kommt wieder und kehrt zurück. Die Welt ist ein Kreislauf.

Symbolisiert die körperliche Vollständigkeit und Chance auf Ganzwerdung.

Elementare magische Kraft und Fähigkeiten.

Mit beiden Beinen sicher auf dem Boden stehen können.

Dies ist der wichtige und allumfassende Heilfaktor der Erde.

Materielle Erdung, die eine wichtige Balance zur Spiritualität bildet.

Der Schleier, hinter den man nicht schauen kann und darf. Das Numinose, Unerklärliche.

---

[5] *Mit freundlicher Genehmigung der Firma Xephyr, siehe Anhang*

Sand & Ritual

Symbole finden

Machen Sie sich zum Anfang Ihrer Sandmal-Erfahrungen keinen großen Streß! Sicher, gleich zu Beginn will man ein tolles Bild malen und es soll auch gleich super ausschauen. Aber ein wirklich großes Werk braucht auch seine Zeit. Beginnen Sie zum Anfang mit einfachen Symbolen, die sich großflächig zeichnen lassen. Und wenn Ihnen gar nichts einfallen mag, weil ihre Kreativität einfach wegen Überarbeitung blockiert ist, dann entwerfen Sie geometrische Figuren. Vom Fünfstern bis zum Dreieck, Kreis und Quadrat ist alles möglich. Wenn Sie dann erst einmal ihre Erfahrungen mit dem "Rieseln des Sandes" gesammelt haben, werden sich die gesuchten Symbole wie ganz von selbst einstellen. Es handelt sich hier sozusagen um eine kreative Initialzündung, die dann einsetzt, wenn Sie beginnen. Sie werden überrascht sein, welcher Symbolreichtum in Ihnen schlummert und sich nichts sehnlicher wünschen, als diesen als Sandbild zu materialisieren.

Schauen Sie sich einmal all die Sandbilder an, die wir im Bildteil (I-XXXI) des Buches abgebildet haben. Sie werden sicherlich zu eigenen Werken angeregt.

Den eigenen Kraftplatz finden und gestalten

Wir sprachen bereits davon, daß wir Sandbilder als Landkarten benutzen können. Nun möchte ich Ihnen eine praktische Anwendung dafür an die Hand geben.

Kennen Sie nicht auch das Problem, wie schwer es ist, sich zu entspannen und für einen Moment Ruhe zu finden wenn man sich in einem angespannten Zustand befindet? Da wäre es dann am einfachsten, man würde einmal einen Waldspaziergang machen, oder einen Ort der Kraft aufsuchen. Doch wie es in unserer heutigen, von Hektik geprägten Zeit eben manchmal so ist: Dafür ist gerade keine Zeit! – Die hier vorgestellte

Mit jedem Sandpainting, welches Sie vollenden, erweitert sich Ihr innerer Tempel des Friedens.

Technik möge Sie um himmelswillen nicht mehr von den notwendigen und für die Seele lebenswichtigen Naturbegegnungen abhalten, doch bietet sie eine brauchbare Zwischenlösung. – Wir wollen also Ruhe und Frieden finden, und zwar ohne vorher großartige Meditationstechniken zu lernen. Hier die Lösung mittels eines Sandpaintings.

Das Problem

In der Hektik des Alltages dauerhaft einen Platz der Besinnung, der Ruhe und des Friedens finden.

Die Aufgabe

Schaffen Sie sich eine angenehme Atmosphäre. Legen Sie sich eine Zeichenunterlage parat, und einen Bleistift. Der Farbsand und Kleber kommen erst zu einem späteren Zeitpunkt zum Zuge. Sorgen Sie dafür, daß das Telefon Sie nicht aus der Konzentration reißt und legen Sie rhythmische Trommelmusik auf. Gabriele Roth, Taketina oder Kodo zum Beispiel. Lassen Sie nun nach einem kurzen Moment der Besinnung Ihre Erinnerung nach Ihrem Lieblingsplatz der Kindheit suchen, an dem Sie sich wohl und beschützt gefühlt haben. Lassen Sie sich Zeit. Das Bild kommt nicht immer auf Anhieb, aber es kommt. Jeder Mensch hat einen solchen Platz. Erscheint die Momentaufnahme des Platzes vor Ihrem inneren Auge, halten Sie sie fest und gehen Sie mehr ins Detail. Fühlen Sie sich in diesen Platz ein und lassen Sie ruhig ihre Gefühle zu. Diese können von großer Freude bis zu einer leichten Sentimentalität reichen, denn dieser Kindheitsplatz ist ein heiliger Platz für Sie. Gehen Sie mit Ihrer Erinnerungskraft ruhig ins Detail: Nehmen Sie Gerüche, Geräusche, Farben wahr. In uns Menschen ist ein unglaubliches Erinnerungsvermögen, wenn wir den Zugang dazu öffnen.

Wenn Sie den Platz in allen Details im Gedächtnis haben, versuchen Sie den Ort **von oben zu betrachten.** Alle Sandpaintings sind Aufsichten! Fliegen Sie einfach mal über den heiligen Platz Ihrer Kindheit. Auch wenn dies ein wenig Probleme bereitet, haben Sie Geduld, Sie gelangen schon in die Vogelperspektive. Wenn sich auch das Bild aus der Vogelperspektive deutlich vor Ihrem inneren Auge abgezeichnet hat, greifen Sie zum Bleistift und beginnen zu zeichnen. Vergessen Sie nicht, die Aufsicht anstatt einer Seiten- oder Raumansicht zu zeichnen! Dies ist ganz wichtig. Zum einen verschlüsselt es ihren Platz hinreichend gegen den Zugriff anderer Menschen und zum anderen werden Sie auf diesen Platz in Zukunft sozusagen "fliegend" zugreifen. Unsere Seele liebt es zu fliegen und ist somit wesentlich schneller als ein gedanklicher Fußweg.

Vielleicht erinnern Sie sich ja an die "Drudel", welche die Zeitschrift HÖRZU vor zwanzig Jahren als Cartoons brachte. Zwei Doppel-Kreise, einer größer als der andere, was ist das? Ein Mexikaner vor einem Spiegelei von oben gesehen! – Nicht, daß Ihr Kraftplatz ein Cartoon wäre, aber so ist die hier beschriebene Technik gemeint.

Wenn Sie Ihren heiligen Kindheitsplatz mit dem Bleistift skizziert haben, können Sie ihn wie gewohnt in ein Sandbild umwandeln.

Die Lösung

Das fertige Sandbild hängen Sie sich am besten an einem Platz auf, den Sie tagsüber immer im Auge haben. Gelangen Sie dann einmal an ihre Kraft-Grenze, sind gestreßt oder gereizt oder anderweitig emotional aus dem Gleichgewicht gekommen, betrachten Sie einfach für ein paar Minuten die Landkarte zu Ihrem Kindheits-Heiligtum und begeben sich durch das Sandbild auf die Reise zu diesem Platz. Dort können Sie Kraft, Ruhe und Ausgeglichenheit tanken und anschließend wieder balanciert dem Alltag gegenübertreten.

Sand & Kultur

Die Tibeter

Früher war Tibet ein unabhängiges Land im Himalaya mit wenig Kontakt zur übrigen Welt. Es galt als Schatzkammer des Buddhismus. Die Abgeschiedenheit des Landes, dem Dach der Welt, ließ eine hohe Kultur und Kunst entstehen.

Kaum ein Land auf der Welt zeichnet sich durch eine derartige Verknüpfung von Religion und Kultur aus, wie dies Tibet tut. Der Buddhismus erreichte Tibet als letztes asiatisches Land erst im 7. Jahrhundert, mithin fast tausend Jahre nach der Geburt Buddhas. Vermischt mit dem ursprünglichen Bön-Schamanismus bildete sich eine Form des Buddhismus ganz besonderer Art, welcher durch die Abgeschiedenheit Tibets eine tragende Rolle im Leben der Tibeter spielte und spielt. Der Glaube und die tiefe Spiritualität der Tibeter spiegelt sich in der faszinierenden Kultur. Aus dieser Religion und dieser Kultur schöpfen die Tibeter die Kraft, die Besatzungssituation zu ertragen, es ist aber auch genau diese Religion und diese Kultur, vor deren Stärke sich die chinesischen Besatzer derart fürchten, daß sie sie um jeden Preis auszulöschen versuchen.

1950 besetzte China das Land. 1959 kam es zu einem großen Volksaufstand gegen die Besatzer. Das geistige und politische Oberhaupt Tibets, Seine Heiligkeit der 14. Dalai Lama, floh ins indische Exil. 1999 ist Tibet noch immer besetzt.

Die Besetzung hatte und hat noch heute katastrophale Auswirkungen. Durch Massenumsiedlungen macht die chinesische Regierung die Tibeter zur Minderheit im eigenen Land. Die Bevölkerung leidet physisch und psychisch unter den Repressionen. Folter und politisch motivierte Verhaftungen sind weit verbreitet.

Die Kultur und Religion wird massiv unterdrückt. Heute steht sie vor ihrer Auslöschung.

Tibetischer Mönch

Eines der herausragendsten Phänomene des Schamanismus ist der sogenannte Schamanenflug. Und so verwundert es auch nicht, daß die Träume der alten Bön mit einem Schamanenflug zu ihrem heiligen Berg begannen. Dort angekommen, konnten sie von oben herab einen Palast sehen, das Zentrum ihres Heiligtums.

1. Farbiger Sand: ein faszinierendes Material.

I

2. Sandpainting mit Lotte
a) Vorzeichnen

b) Kleber auftragen

II

c) Beginn des Sandstreuens

*d) Des Salamanders
erstes Sandkleid*

III

e) Auffüllen mit schwarzem Sand

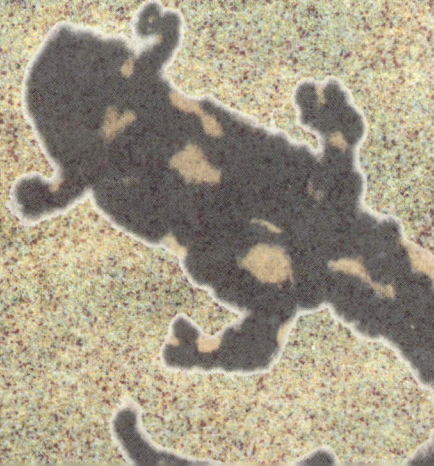

IV

f) Letzte Feinheiten vor dem Abschütten des überschüssigen Sandes

V

3 - 5. Die heiligen Farben der Aborigines sind Rot, Blau, Gelb und Schwarz. In diesen Farben erstrahlen auch die Motive ihrer Sandbilder

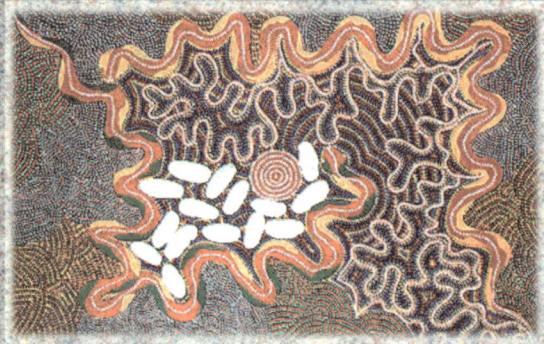

VI

6 - 8. Die Aborigi-
nes arbeiten viel
mit Ocker. Der rote
Ocker, Wiltja, ist
die heilige Farbe
des Himmels, der
Luft und der Ster-
ne.

VII

8 und 9. *Heilige Tiere, heilige Farben:*
Sandbilder der Aborigines

10 und 11. Navajo bei der Sandmalerei.

12. Kokopelli, der mythische Flötenspieler

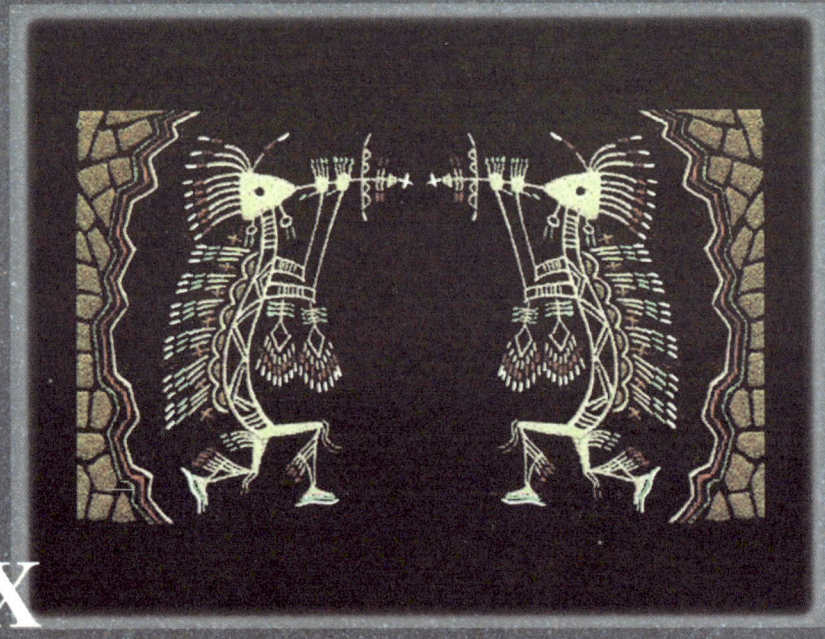

X

*13 und 14: Die Navajo kennen tausende Sandgemälde,
die mit ihren Zeremonien verbunden sind.*

XI

15. Sandpainting der Navajo

16. Blaue Mutter Erde und Schwarzer Vater Himmel

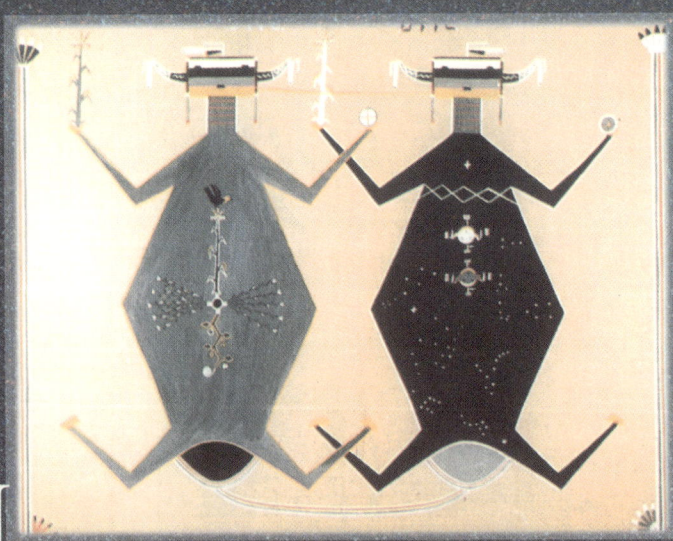

XII

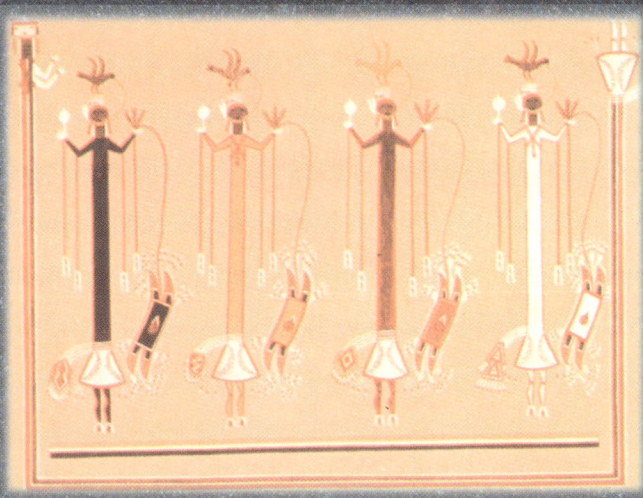

17. Medizinmänner mit Medizintaschen

18. Heilige Leute töten den Büffel

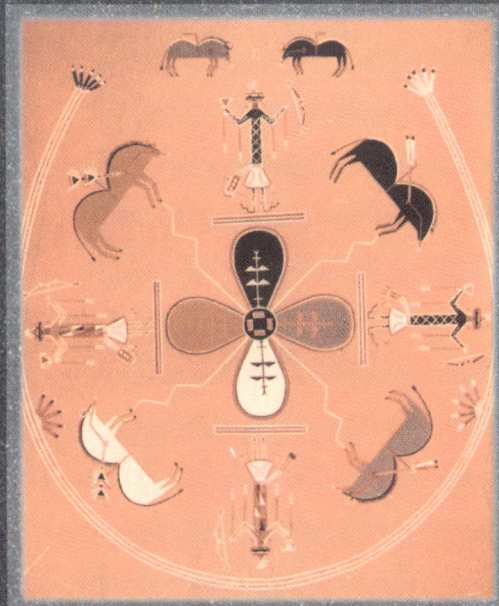

19 bis 21. Tibetische Mönche beim Erstellen von Sandmandalas.

22 und 23. Der Palast,
das Zentrum des Allerheiligsten,
wird in den Mandalas
aus der Vogelperspektive dargestellt.

XV

24. Möche bei der Sandmalerei

25 und 26. Details des Sandbildes 27

XVI

27. Fertiges Sandmandala.
Die typischen Farben der tibetischen Mandalas
sind ausgesprochen leuchtend und kräftig.

XVII

28 und 29. Buddhistische Mandalas

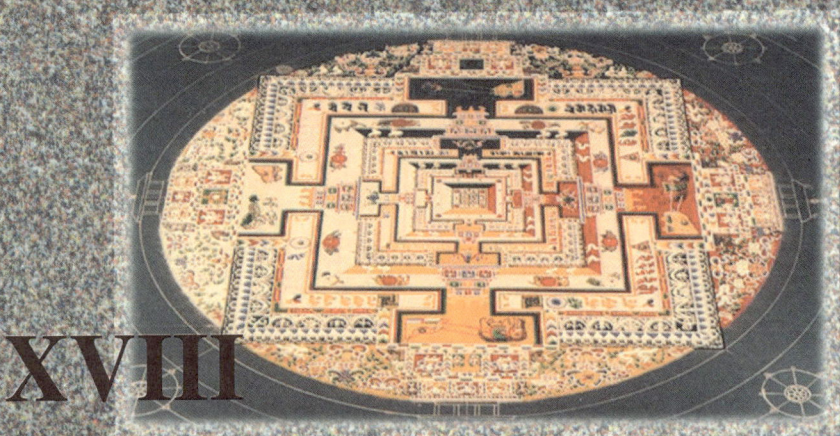

XVIII

30 und 31. Traditionelles Mandala (oben)
und modernes Mandala (unten)

XIX

32. Hier offenbart Ihnen schon der Hintergrund die schier
unerschöpflichen Möglichkeiten des farbigen Sandes.
Einfach Frischhaltefolie auf den Scanner gepackt,
farbigen Sand darüber und fertig ist der Hintergrund.

XX

33. Diverse keltisch-germanische Motive, die ohne weiteres mit Sandmalerei zu erstellen sind.

XXI

34 bis 36. Vergängliche Kunstwerke:
Sandskulpturen von Scott Radke am Strand von Kalifornien.

XXII

XXIII

37. Herbert Greif - „Berge", Sandgemälde

XXIV

38. Herbert Greif: „Erde", Sandgemälde

XXV

39. Herbert Greif: „Möwen", Sandgemälde (oben)
40. Herbert Greif: „Segel", Sandgemälde (rechts)

XXVII

41. Libelle

42. Känguruh

XXVIII

43 und 44. Lizzy (siehe Seite 34)
und andere Eidechsen

XXIX

45 bis 47.
Die einzelnen
Arbeitsschritte
im Detail:
Skizze,
Zeichnung,
Ausführung.

48. Der Kreis der Alten
Mandala der Traditionen und Kulturen

XXXI

49. Farbsand in seiner schönsten Form

50. Alle Sandfarben auf einen Blick

Cremeweiß	Hellelfenbein	Zinkgelb	Rapsgelb
Melonengelb	Maisgelb	Tieforange	Blutorange
Orientrot	Feuerrot	Kaminrot	Magentarot
Purpurviolett	Pastellblau	Capriblau	Ultramarin
Nachtblau	Violettblau	Stahlblau	Wasserblau
Minzgrün	Gelbgrün	Maigrün	Farngrün
Olivgrün	Ockerbraun	Orangebraun	Oxidrot
Schokoladen-braun	Sepiabraun	Schwarzbraun	Graphitschwarz

XXXII

Die tibetischen Sandmandalas

Es ist schon sehr viel über Mandalas geschrieben worden und es erscheint uns immer wieder rätselhaft, wieso es so wenig Beschreibungen wirklich authentischer Mandalakunst und -meditation gibt. Wir kennen Mandalas in allen möglichen und unmöglichen Erscheinungsformen, als Aquarelle, Zeichnungen, Kartoffelstempel und als Computerkunst, als Teppiche, Poster und Bildschirmschoner. Wir kennen tiefenpsychologische und esoterische Mandalameditationen, religiöse Mandalaerfahrung und weltliches autogenes Training mit Mandalas. Alle diese modernen Erscheinungsformen des Mandalas sind Variationen eines uralten Themas: Dem tibetischen Sandmandala.

Das tibetische Sandmandala stellt genau diese Aufsicht des Palastes mit seinen vielen verschiedenen Räumen und Portalen dar.

Was ist aber das Geheimnis dieser Sandmandalas? Zum einen wäre da das benötigte Material zu nennen. Farbsand in den richtigen und vorgeschriebenen Farben zu kaufen, ist tatsächlich ziemlich schwierig. Die tibetischen Mönche stellen den benötigten Sand selbst her, verkaufen ihn aber nicht. Wir nennen Ihnen daher im Anhang dieses Buches eine Bezugsadresse für den geeigneten Künstlerfarbsand. Zum zweiten ist es so, daß die Anleitungen zur Erstellung von Sandmandalas nur in tibetischen Tantrarollen beschrieben werden, deren Sinn uns nicht leicht zu erschließen ist. Ein Schlüssel zum besseren Verständnis dieser Sandmandalameditationen ist, sich zu vergegenwärtigen, daß die tibetische Kultur ursprünglich schamanistische Wurzeln hatte. Die vorbuddhistischen Bön, später von ihren Besiegern als böse und schwarzmagisch gebrannmarkt, stellten die Basis der tibetischen Kultur. Viele ihrer Rituale und Gebräuche fanden Eingang in den zeitlich folgenden tibetischen Buddhismus - ganz ähnlich, wie dies auch mit der bei uns vorhandenen Kultur bei der Christianisierung geschah. Wer also Sandmandalas und Mandalameditation wirklich verstehen will, wird um die Beschäftigung mit dem Schamanismus nicht herumkommen. Eines der herausragendsten Phänomene des Schamanismus, die wir dann auch tatsächlich bei der Mandalameditation der alten tibetischen Tantras wiederfinden, ist der sogenannte Schamanenflug. Fliegen zu können wird oft als der älteste Traum der Menschheit bezeichnet. Und so verwundert es uns auch nicht, daß die Träume der alten Bön mit einem Schamanenflug zu ihrem heiligen Berg begannen. Dort angekommen, konnten sie von oben herab einen Palast sehen, das Zentrum ihres Heiligtums. Wohlgemerkt, sie sahen den Palast von oben und aus der Vogelperspektive. Um diesen Ort leichter wiederzufinden und natürlich ihr Wissen besser an Schüler weitergeben zu können, haben sie im Laufe der Zeit Zeichnungen vom Grundriß angefertigt und auch von der schützenden Aura, die den Palast rundherum umgibt. Das tibetische Sandmandala, wie wir es kennen, stellt genau diese Aufsicht des Palastes mit seinen vielen verschiedenen Räumen und Portalen dar. Zu lernen, wie man ein Sandmandala macht, bedeutete also im traditionellen Sinne tatsächlich zunächst das Fliegen zu erlernen, um auf diesem einzig möglichen Wege das Heiligtum und Zentrum des Glaubens zu besuchen und dort zu jenen Gottheiten Kontakt aufnehmen zu können, die in den einzelnen Räumen des Palastes ihren angestammten Wohnsitz haben. In der folgenden kleinen Geschichte geht es nun darum, wer schneller und besser zum heiligen Berg fliegen kann, der alte Bön oder der neuere buddhistische Yogi. Ein wenig amüsiert fühlen wir uns an die bei uns heimischen Erzählungen um Hexen und ihren Flug zum Blocksberg erinnert:

Der Kampf um den heiligen Berg Tisé

Der Meister der schwarzen Magie und des Bön-Glaubens wollte Milarepa den Andachtsplatz zu Füßen des heiligen Berges streitig machen und forderte ihn zum Wettkampf in der Zauberkunst heraus. Der weise Yogin war dem schwarzen Magier genau so abhold wie jeder Schaustellung von magischen Kräften:

"Ich will mich nicht mit einem Gaukler in Magie messen, der mit Hilfsmitteln Schaden stiftet und zur Täuschung der Augen seines Gegners greift. Willst du dich nicht zu meiner Religion bekehren, so begib dich anderswohin."

Aus Gründen, die er später selbst genau erklärte, willigt Milarepa schließlich ein, den Kampf um den heiligen Berg gegen den Bönpo aufzunehmen und die Nichtigkeit der schwarzmagischen Künste zu beweisen. Nun beginnt das Kräftespiel zwischen dem schamanistischen Zauberer und dem weißen Yogin, der "Siddhi", die magisch-übermenschliche Kraft, nur zum Sieg der Religion anwendet. Er schlägt den Bönpo in einer Reihe von Zauberkunststücken und sagt:

„Du, der du dir nur die gewöhnliche Zauberkunst angeeignet hast, kannst es nicht mit der Geschicklichkeit, der Kraft von mir, dem Yogin, der die höchste und gewöhnliche Siddhi errungen hat, aufnehmen."

Der Bönpo erwidert jedoch: "Du hast mich einen Gaukler genannt, doch wenn ich die Sache so recht bedenke, warst du es, der als Gaukler erschien. Da ich zu diesen deinen Zau-

Zu lernen, wie man ein Sandmandala macht, bedeutet also im traditionellen
Sinne tatsächlich zunächst das Fliegen zu erlernen, um auf diesem einzig
möglichen Wege das Heiligtum und Zentrum des Glaubens zu besuchen.

berkunststücken kein Vertrauen habe, soll derjenige von uns
beiden den Tisé in Besitz nehmen, der am fünfzehnten Tage
des Mondes schneller auf den Gipfel des Gletscherberges
gelangt, und so werden wir sehen, wer die höchste magische
Kraft erlangt hat!"

Milarepa willigt ein, doch sagt er: "Welcher Jammer, daß
du schon ein wenig Geisteslicht für die höchste Siddhi hältst!
Um höchste Siddhi zu erlangen, muß man das Antlitz des
eigenen Geistes erschauen, und um das sehen zu können,
muß man gemäß der Lehre meiner religiösen Überlieferung
meditieren."

Milarepa besiegte den schwarzen Magier in einem einzi-
gen Augenblicke. Er schwebte mit ausgebreitetem Baum-
wollgewand zugleich mit der aufgehenden Sonne auf den

Gipfel des heiligen Bergs. Der Bönpo stürzte aus dem Luftraum herab, und seine Schamanentrommel, auf der er zum Gipfel fliegen wollte, tollte den Abhang des Tisé hinunter. Milarepa erklärte, daß er sich nur auf diesen Wettkampf eingelassen habe, weil der Gipfel der Sitz des Weisheitsgottes sei, um die Größe der buddhistischen Mönche zu beweisen, um den Hochmut des Heidenpriesters zu brechen und erst, nachdem er die Erlaubnis der mystischen Buddhas erbeten hatte.[6]

Die Farbsymbolik der Tibeter

Die typischen Farben der tibetischen Mandalas sind ausgesprochen leuchtende und kräftige Geistfarben. Wie vieles im Buddhismus spricht die Sandmalerei an sich und eben auch die Farbwahl des Sandes, die

Die Faszination des bunten Sandes schafft die Voraussetzung
für die tibetisch-buddhistische Art der Spiritualität.

eigene Seele über das innere Kind an. Die tiefen Töne der Gesänge und Klangschalen, das helle Klingen der Glöckchen, die Ritualhaftigkeit der Tantras und die Faszination des bunten Sandes, schaffen die Voraussetzung für die tibetisch-buddhistische Art der Spiritualität, die den Archetypen des Kindes ehrt und evoziert. Daß der Archetyp des Kindes auch in unseren Kulturbereichen durch leuchtende und kräftige Farben geehrt wurde, war eine überraschende Entdeckung. Einer der Restaurateure der berühmten Deckenmalereien der Sixtinischen Kapelle soll, nachdem er die ersten Schmutzschichten von Michelangelos Meisterwerk vorsichtig entfernt hatte, entsetzt gerufen haben: "Mein Gott, das sind ja alles Bonbonfarben!"

Die folgenden Farben eignen sich sehr gut zur Erstellung eines eigenen tibetischen Sandmandalas: Crèmeweiß, Rapsgelb, Tieforange, Feuerrot, Minzgrün, Ultramarin, Sepiabraun, Graphitschwarz.

Bildquellen:
http://www.newportnet.com/archives/mandala/nancy/home.htm
http://www.sqshb.se/pellex/tibet/mandala/m-index.htm
http://www.chron.com/content/interactive/voyager/mandala/detail/jformat.html

[6]*"Perlen alttibetischer Literatur", B.C. Olschak, Birkhäuser Verlag Basel und Stuttgart*

Die Aborigines

Ngalya pitja ngayuku ngura nyakutjikitja.
Manta nyangatja milmilpatjara!
Ngayuku kamiku tjamuku ngura iritinguru.
Pitjaya!
Pina ala, kuru ala, kututu alatjara!

Kommt und seht mein Land.
Dieses Land ist heilig
Vor langer Zeit war dies das Land
meiner Großmutter und meines Großvaters.
Kommt mit offenen Ohren,
offenen Augen und einem offenen Herzen.[7]

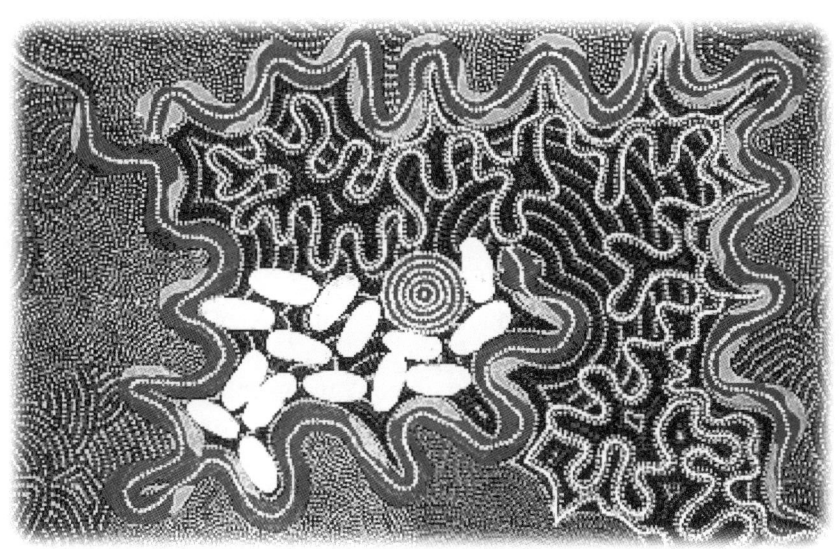

Wer sind die Aborigines?

Die geläufige Bezeichnung Aborigines ist zunächst nicht ganz richtig, da sie sich lediglich aus dem lateinischen ableitet: ab origine bedeutet Ureinwohner. Die australischen Ureinwohner bezeichnen sich selber unterschiedlich, je nach Region: "Murri" (Osten), "Koori" (Südosten), "Nanga" (Süden), "Nyungar" (Südwesten), "Wonghi" (Westen), "Yolngu" (Norden).

Bevor die Weißen kamen, hatte Australien für Tausende von Jahren ungestört existiert und so eine einzigartige Flora und Fauna bewahrt, mit Pflanzen, die es sonst nirgends gibt und mit seltsam aussehenden Beuteltieren in allen möglichen Größenordnungen. Die ersten Aborigines besiedelten Australien vor etwa 40.000 Jahren. Damals bildete Indonesien eine (wenn auch nicht völlig geschlossene) Landbrücke zwischen Australien und dem asiatischen Festland. Nach und nach stieg der Meeresspiegel an und Australien wurde eine Insel.

Australien ist zwar ein riesiges Land, besteht aber zum größten Teil aus Wüste. Lediglich die Ostküste und der Norden sind fruchtbar und grün, mit tropischen und subtropischen Temperaturen und entsprechender Vegetation. Bei der Ankunft der Europäer im Jahre 1770 lebten in Australien etwa 300.000 bis 500.000 Aborigines in 600 Stämmen mit über 200 verschiedenen Sprachen, die sich über den ganzen Kontinent verteilten. Ihre materielle Kultur war sehr einfach; sie besaßen nur wenige Werkzeuge, bauten keine Häuser oder Hütten und waren nicht seßhaft. Im Gegensatz dazu verfügten sie aber über eine sehr hoch entwickelte Sozialstruktur. Ihre religiösen und weltanschaulichen Vorstellungen waren sehr komplex.

»Wirinun«, so nennen die Aborigines ihre Zauberer, Magier und Hellseher. Es sind Eingeweihte, die genaue Kenntnis davon haben, wie mit Elementarwesen und Naturgeistern umzugehen ist, wo sie wohnen, was sie erzürnt, wie sie zu beruhigen sind. Wirinun sind die Bewahrer der Stammesmythen und der Heilkunde, sie sind die Mittelsmänner zwischen den Menschen und der Geisterwelt. Eine wichtige Aufgabe - ist doch für die Aborigines die gesamte Natur, ob Stein, Wind oder Wasser, von Seelen bewohnt. Eine wichtige Aufgabe aber auch, weil die Menschen selbst von Tieren und Pflanzen abstammen und eine intakte Rückverbindung zu diesen Ahnen lebensnotwendig ist.

Neben den Tänzen und Erzählungen sind die heiligen Zeichnungen der Aborigines die mythische Erinnerung und das Lehrgebäude, welches ursprünglich von Generation zu Generation weitergegeben wurde. Hier wird mythisch-magisches Wissen überliefert und erst die Gesamtheit von Erzählung, Paintings und Tanz ergibt ein Ganzes, ein zu verstehendes System. Viele der weisen Medizinmänner der Aborigines haben ihr globales und komplexes Wissen mit in das Ahnenreich genommen, da sie und ihre Familien einem von den europäischen Einwanderern durchgeführten Genozid anheimfielen. Was wir heute noch an magischem Wis-

„Wirinun", so nennen die Aborigines ihre Zauberer, Magier und Hellseher.
Es sind Eingeweihte, die genaue Kenntnis davon haben, wie mit
Elementarwesen und Naturgeistern umzugehen ist, wo sie wohnen,
was sie erzürnt und wie sie zu beruhigen sind.

Hier wird mythisch-magisches Wissen überliefert und erst die Gesamtheit von Erzählung, Painting und Tanz ergibt ein Ganzes, ein zu verstehendes System.

sen antreffen, oder was uns als solches verkauft werden soll, ist lediglich ein mageres Überbleibsel dieses großartigen Volkes und allenthalben für Esoterik-Touristen geeignet. Aus diesem Grund sparen wir uns in diesem Buch auch eine Interpretation der traditionellen Dotpaintings. Nur eines sei gesagt: Aus der spirituellen Kraft und Kreativität der Aborigines sind viele der beeindruckendsten und rätselhaftesten Kunstwerke menschlicher Schöpfungskraft hervorgegangen, die wir kennen. Die heiligen Felszeichnungen, Sandskulpturen und Sandmalereien der Aborigines sind die stummen Zeugen eines unendlichen Traumes.

Die Traumzeit-Geschichten der australischen Ureinwohner sind Märchen und sie wurden tatsächlich oft den Kindern erzählt, um ihnen etwas Respekt einzuflößen, aber natürlich auch als Einführung in die unglaublich komplexe Welt der australischen Traumzeit-Kosmologie. Dazu muß man wissen, daß ein Kind zum Zeitpunkt der Geburt bereits zwei Väter hatte. Einen körperlichen und einen spirituellen Vater. Der spirituelle Va-

ter war sein Ahne und Totem zugleich. Das Kind erbte von seinem spirituellen Vater ein Lied, die Songline. Diese Songline war die Landkarte
eines dem Kinde gehörenden Weges in gesungener und getanzter Form,
mit vielen Informationen über Wasserstellen und Nahrungsquellen oder
heiligen Orten auf diesem Weg. Es gab aber auch eine zeichnerische Darstellung, die Dschuringa. Auf Baumrinde findet man oft die sogenannten
Rarrk-Schraffuren, eine magische und künstlerische Hochleistung, die
der Zeichnung Leben verleihen sollte. Die Dschuringa selbst wurde in
der Mitte gebrochen und ein Teil vom Großvater an einer bestimmten
und geheimen Stelle vergraben. Die andere Hälfte diente zum Tauschen
der Songlines, also der Wegerechte und ermöglichte es den Aborigines
auch größere Strecken zurückzulegen, da sie sich nur mit dem passenden
Wegerecht fortbewegen durften. Dieser Weg war genau der Weg, den
sein Ahne in der unendlichen Traumzeit gegangen war, Schritt für Schritt
und Takt für Takt und mit seinen Armen den Samen ausstreuend aus dem
diese, unsere Welt erwachsen sollte. Einer der berühmtesten dieser Ahnen war Yurlunggur, die Regenbogenschlange:

Wie Yurlunggur, die Regenbogenschlange, und der viel-wissende Wind dem schwarzen Kakadu aus dem Land der langen Schatten ein Geheimnis anvertrauten.

Es war vor langer Zeit, als die große Flut kam. Sie war so
ohne Maß, daß alles Land zu einem See wurde, der in jede
Richtung reichte, soweit das Auge sieht. An seinem einen
Ufer endete das weite Land des Sonnenaufgangs, und am
anderen begann das geheimnisvolle Land des Sonnenunter-
gangs. In der Mitte dieses Sees wohnte auf einer kleinen
Insel Yurlunggur, die Regenbogenschlange.

Wann immer sie großen Hunger hatte, erwachte Yurlunggur aus einem tiefen Schlaf. Langsam wand sie sich aus
ihrem Wasserloch und kroch in den Schatten eines Mimosen-
buschs. »Soll ich mich nun gegen Sonnenaufgang oder gegen Sonnenuntergang auf den Weg machen, um meinen
Hunger zu stillen?« überlegte Yurlunggur und streckte ihren

Kopf unentschlossen zuerst in die eine, dann in die andere Richtung. Doch auf einmal hielt sie inne: Vor ihr saß auf dem Ast eines Eukalyptusbaums ein schwarzer Kakadu. »Was suchst du hier?« fragte ihn verwundert die Regenbogenschlange.

Der Vogel erschrak. »Ich habe mich verirrt.«

»Aber wo kommst du her, ich habe dich hier noch nie gesehen?«

»Ich komme aus dem Land der langen Schatten«, sagte der Kakadu, »eines Nachts türmten sich vom Ahnenreich her gewaltige Wolken auf, so groß, daß sie alle Sterne bedeckten. Mit den Wolken kam der Wind. Zuerst sang er ganz leise, doch dann fing er an zu heulen und zu toben. Er wurde wütend und schlug wild um sich. Und plötzlich erfaßte er mich, hob mich höher und höher und trug mich davon. So weit weg, daß ich glaube, es war der Anfang der Welt, den ich gesehen habe.«

Die heiligen Sandskulpturen und Sandmalereien der Aborigines sind die stummen Zeugen eines unendlichen Traumes.

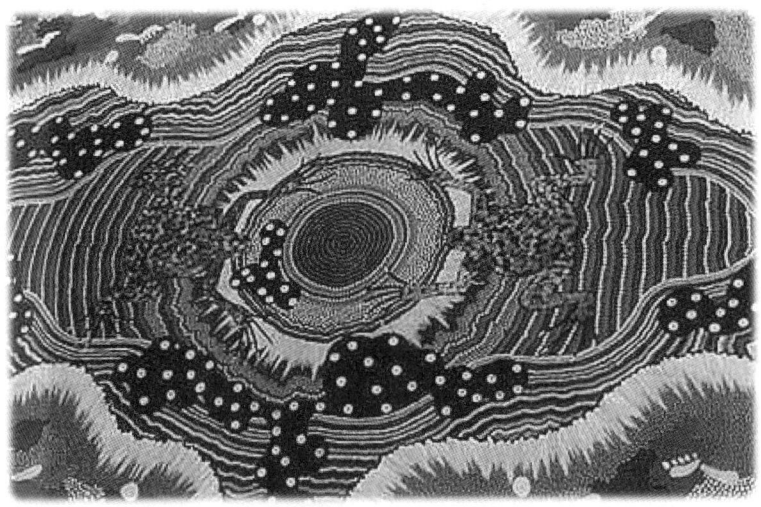

Die Traumzeit-Geschichten der australischen Ureinwohner sind Märchen aber natürlich auch eine Einführung in die unglaublich komplexe Welt der australischen Traumzeit-Kosmologie.

»Und wie sieht er aus?« fragte Yurlunggur, »und wo finde ich ihn?«

»Weit hinter dem Land des Sonnenaufgangs«, wußte der Kakadu, »zwischen dem großen Wasser und dem weiten Himmel. Als der Wind mich in jener Nacht immer weiter und weiter nach Sonnenaufgang trug, sah ich in der Ferne ein schmales, leuchtendes Band, das immer heller, größer und breiter wurde und die Farben des Regenbogens hatte. Und dann sah ich, wie die Sonne erwachte. Sie kam aus dem Wasser, dort wo Himmel und Meer sich berühren.« »Ja, du hast wirklich den Anfang der Welt gesehen«, sagte Yurlunggur, »außer dem Wind und mir wußte bis jetzt niemand von diesem großen Geheimnis. Nun hat es dir der Wind gezeigt. Du Kakadu, der Wind und ich gehören von nun an zusammen. Laß uns deshalb mit dem Wind das Korrobori machen, wir wollen tanzen und singen.« Und so geschah es auch. »Kehre nun zurück in deine Heimat«, sagte Yurlunggur noch, »der Wind wird dich tragen, ohne Mühe wirst du das Land der langen Schatten erreichen. Aber bevor du mich verläßt, nimm noch ein Geheimnis mit. Es handelt vom Anfang der Welt. Erzähle deinem Klan und allen Vögeln, die vom Wind getragen werden, von diesem Geheimnis. Sie sollen es hüten, wie ihr eigenes Leben. Kein Fremder darf jemals davon erfahren.«

Und so erzählte die Regenbogenschlange dem schwarzen Kakadu das große Geheimnis. Dieser sah Yurlunggur fragend an, grübelte und schüttelte ratlos den Kopf. »Das verstehe ich nicht. Was bedeuten deine Worte?« »Frage niemals nach dem noch größeren, dem größten aller Geheimnisse«, antwortete Yurlunggur mit ernster Stimme. »Es soll genügen, was ich dir gesagt habe. Nun mach dich auf den Weg!« Schweigend erhob sich der schwarze Kakadu und flog mit dem Wind zurück in das Land der langen Schatten.

Für die Aborigines ist die gesamte Natur , ob Stein, Wind oder Wasser, von Seelen bewohnt.

Als er weit weg und hinter den Bergen verschwunden war, kroch Yurlunggur langsam aus ihrem Wasserloch. »Er ist mir zu geschwätzig. Und zu neugierig. Das ist es, was ich an dem Kakadu nicht leiden mag. Deshalb habe ich ihm zwar ein Geheimnis, aber nicht das größte aller Geheimnisse verraten. Niemals werde ich es preisgeben, nicht einmal der vielwissende Wind weiß davon.« Währenddessen hatte der Kakadu das Land der langen Schatten erreicht. Sanft setzte ihn der Wind auf den Wipfel eines hohen Baums, um dann weiterzuziehen. »Willst du nicht bei uns bleiben?« rief ihm der schwarze Kakadu nach. Der Wind drehte sich kurz um. »Nein, ich muß fort«, sang er, »ich bin mal hier, mal dort. Ich bin überall und nirgendwo!«

»So bleib doch noch eine Weile bei uns«, bat der schwarze Kakadu. »Nach einer so langen Reise mußt du doch müde sein. Die ganze Zeit über hast du mich getragen.«

Der Wind lächelte: »Meinetwegen«, flüsterte er und nahm Platz in der weichen Krone des großen Baums.

»Nun sag mir«, fragte der schwarze Kakadu neugierig, »wo hast du dein Zuhause?« »Ich wohne überall«, antwortete der Wind leise. »Ich wohne am Himmel, über dem Land und auf dem Wasser.«

»Und wer sind deine Eltern?« wollte der schwarze Kakadu weiter wissen.

»Was«, war der Wind erstaunt, »du kennst sie nicht? Der Mond, das ist mein Vater, und die Sonne, das ist meine Mutter. Der Abendstern ist der Bruder meiner Mutter, der Morgenstern ist der Bruder meines Vaters. Wie du siehst, gehören wir alle zusammen.« »Ich bin glücklich und stolz«, meinte da der Kakadu, »daß ich mit zu euch gehöre. Wenn du einverstanden bist, dann werde ich jetzt meinen Klan und alle Klanverwandten zusammenrufen. Wir werden dann gemeinsam das große Korrobori feiern, singen und tanzen.«

»Nein, nein«, wehrte der Wind ab. »Nicht jetzt, ich muß weiterziehen.«

»Warte noch«, rief der schwarze Kakadu, »ich muß dich noch etwas sehr Wichtiges fragen. »Du hast mir den Anfang der Welt gezeigt«, flüsterte der schwarze Kakadu leise und sah den Wind mit großen, neugierigen Augen an. »Nun sage mir, Verbündeter, liegt dort wirklich der Ursprung aller Geheimnisse?« »Was denkst du, wo könnte er sonst sein?« fauchte der Wind. »Ich weiß nicht«, antwortete der schwarze Kakadu unsicher. »Vielleicht liegt der Ursprung aller Geheimnisse am Ende der Welt?«

Reglos ob der Rede des Kakadus verharrte der Wind in der Baumkrone und sah prüfend auf den schwarzen Vogel. Endlich brach er sein Schweigen: »Merke dir gut - der Anfang der Welt und das Ende der Welt, sie gehören zusammen wie eins.«

Ein Frauen- bzw. Eukalyptuspflanzen-Totem.
Man muß es von oben sehen:
Frauen sitzen im Kreis und tauschen Waren aus.

*Einer der berühmtesten dieser Ahnen war Yurlunggur,
die Regenbogenschlange.*

»Zusammen wie eins«, murmelte der schwarze Kakadu
verwundert. »Aber dann sage mir...«

»Frage niemals nach dem größten aller Geheimnisse!«
Und dann brauste der Wind auf. Und es verging eine knappe
Zeit, und eine große Stille zog über das Land der langen
Schatten.

Allmählich beruhigte sich der schwarze Kakadu und hoff-
te insgeheim, der Wind würde ihm noch viel vom Ursprung
aller Geheimnisse verraten. Doch dann besann er sich seiner
anvertrauten Aufgaben und Pflichten und rief alle Klanführer
seines Stammes zusammen. Im großen Tal der Eukalyptus-
bäume begann die geheime Einweihung all jener Vögel, die
vom Wind getragen werden. Das heilige Ritual dauerte viele Tage und Nächte. Doch immer wieder schüttelte der
schwarze Kakadu verwirrt den Kopf. »Das verstehe ich nicht,
was hat das alles zu bedeuten? Habe ich vielleicht zuviel
nach dem Ursprung aller Geheimnisse gefragt?«[8]

Die Farbsymbolik der Aborigines

Die heiligen Farben der Erde sind Rot, Blau, Gelb und Schwarz. Sie wurden den Aborigines in der Traumzeit gegeben und tauchen (abgesehen von Weiß) auch in ihrer Nationalflagge auf. *Rot* ist die Farbe des Blutes, der Energie und des Feuers, verkörpert die spirituelle Energie, die die Aborigines mit der Traumzeit verbindet, und kommt in Kraftzentren im Erdinneren vor. *Rot* ist die Sonne und kann (in der Wüste Australiens) auch den Tod bedeuten. *Schwarz* symbolisiert die Erde selbst, wird aber auch mit den Spuren in der Landschaft verbunden, die die Ahnenwesen hinterließen, als sie während der Traumzeit Lagerfeuer entfachten.

Gelb verkörpert Flüssigkeiten, insbesondere Wasser, sowie die Zeichnung am Rücken der Regenbogenschlange. *Weiß* ist die heilige Farbe des Himmels, der Luft und der Sterne. Es ist auch die Farbe der Ahnengeister, die in den Himmel aufstiegen, nachdem sie ihr Werk während der Traumzeit auf Erden getan hatten.

Die Aborigines arbeiten sehr viel mit Ocker. Dieser kommt in den Farben Weiß, Gelb bis Rot vor. Der *rote Ocker*, auch Wiltja genannt, gilt bei den Ritualen der Aborigines als heiligste aller Farben. Er stellt das verwandelte Blut der Ahnenwesen dar, heilt, beschützt und stärkt.

Weißer Ocker bedeutet Frieden und findet bei öffentlichen oder weniger geheimen Zeremonien Verwendung.

Wenn Sie Sandbilder im Geiste der Aborigines anfertigen möchten, können Sie traditionell auf folgende Farben zurückgreifen: hellelfenbein, melonengelb, maisgelb, tieforange, blutorange, karminrot, magentarot, nachtblau, maigrün, farngrün, olivgrün, ockerbraun, orangebraun, oxidrot, schokoladenbraun und schwarzbraun.

---

[7]Desert Tracks – Pitjantjatjara Tours von Diana James
[8]Piet Bogner, Traumzeit-Erzählungen der Aborigines, Mosaik-Verlag

Die Navajos

Nach dieser Erfahrung erinnerte ich mich an Megwetabejic.
So sagen es die Leute »Megwetabejic« - es gibt nur ein Wesen.
Es gibt nur ein Wesen: Jemnitow, den Großen Geist.
Das scheint in jedem Stamm, in jeder Indianersprache so zu sein.
Ich hatte eigentlich nie richtig verstanden,
was die Leute damit meinten - es hatte mich immer verwirrt.
Aber nun wußte ich, es bedeutete:
»Es ist das, was auch du selbst bist.«
Es gibt nur eine Kraft, die allumfassende Person, das Selbst.
Ich erkannte die Bedeutung:
Der Geist dieses »Selbst« - der Große Geist - ist groß genug,
um alle Einzelwesen und alle Dinge in einer Einheit zu umfassen.
Groß genug, um seine eigene Totalität zu erkennen und anzuerkennen.
[...]
Ich holte auch die Religion von da wieder weg,
wo sie fälschlicherweise hingeraten war, irgendwo da draußen;
und ich brachte sie dahin zurück, wo sie hingehörte.
Wo sie lebt und arbeitet, wie mein Herz in jeder Sekunde eines jeden
Tages lebt und arbeitet - und nicht nur an Sonntagen.
Deshalb hat es für mich keinen Sinn mehr, zur Kirche zu gehen.
Dasselbe tat ich mit dem Lernen, der Gerechtigkeit,
Gesundheit, der Ehe und all den anderen Gefühlen
und Funktionen eines Menschen,
die diesem Menschen ganz allein gehören.
Ich nahm alle diese Dinge zurück,
und ich fühlte mich viel besser,
fühlte mich fast wieder ganz.[9]

Weißes Geistland

Nachthimmel

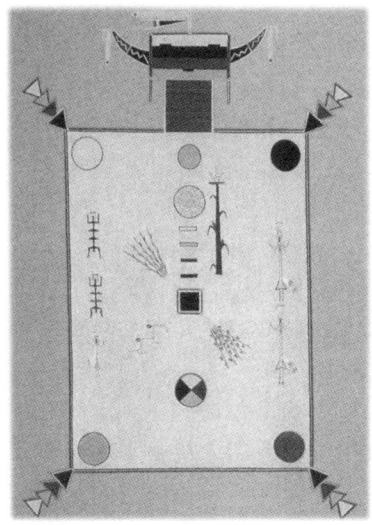

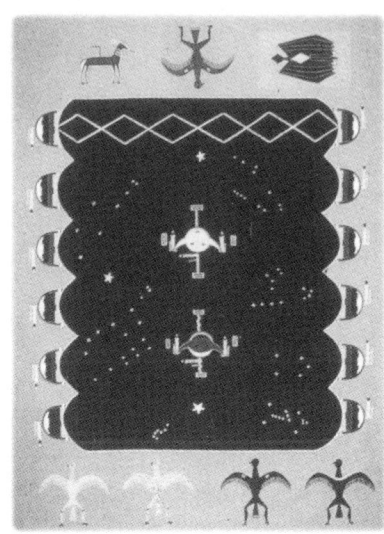

Die Erde - Die vierte Welt

Wirbelnde Balken

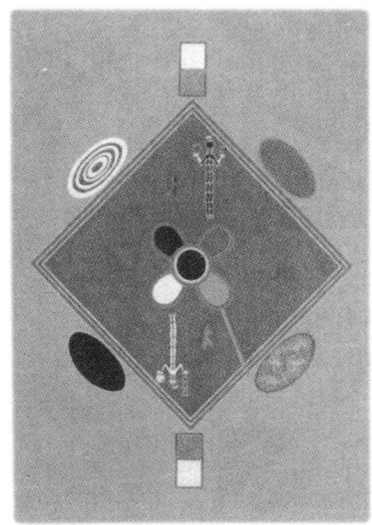

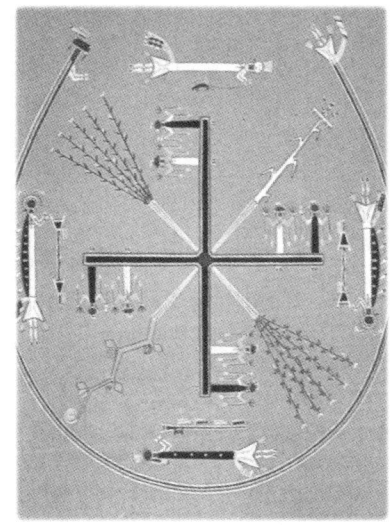

68

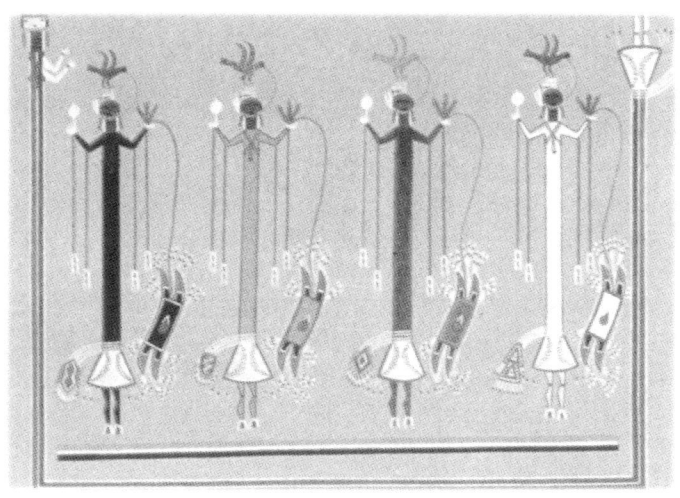

Medizinmänner mit Medizinbeuteln

Die Sandpaintings der Navajos

Im Gegensatz zu den Sandbildern, die wir vielleicht schon einmal in dem einen oder anderen Indianer-Shop gesehen haben, oder aus dem Amerika-Urlaub mit nach Hause brachten, und die lediglich einem finanziellen Aspekt der Navajos folgen, haben die traditionellen Sandmalereien rituellen Charakter. Sie dienen der Heilung, indem sie alle Praktizierenden, also alle an der Herstellung des Paintings beteiligten Personen in eine große Zeremonie miteinbeziehen und gleichzeitig zu einem wichtigen Teil des Weltganzen, meist der Schöpfungsgeschichte machen. Dadurch, daß die Praktizierenden während der Zeremonien (die oft über Tage hinweg stattfinden) Teil der Götterwelt werden, bietet sich dem Patienten auch die Möglichkeit direkt von den Göttern geheilt zu werden.

Die Navajo kennen mehr als tausend mit ihren Zeremonien verbundene Sandgemälde. Etwa die Hälfte davon ist in Abbildungen dokumentiert, und viele davon kann man als Kopien imWheelwright Museum Of The American Indian, 704 Camino Lejo, Santa Fe, New Mexico, bewundern.

Der für das Leiden des Patienten zuständige Gott wird hier durch die Heilungszeremonie während der ein Sandbild im Hogan erstellt wird, in eben dieses Bild durch Gebete und Gesänge invoziert, d.h. herbeigerufen und ist für die Teilnehmer der Zeremonie ab diesem Zeitpunkt real im Hogan durch das Sandbildnis vertreten. Bei einigen Zeremonien legen sich die Patienten nacheinander auf diesen Gott, um ihm ihre Krankheiten zu übergeben. Schließlich muß ein Gott, da er ja größer als der Mensch ist, diese Krankheit leichter verkraften können, als der Mensch. Die Teilnehmer der Zeremonie können nun auch deutlich verfolgen, wie der Gott trotz seiner Größe unter der Krankheit der Menschen leidet, denn er verändert sehr deutlich sein Aussehen. Respekt und Achtung machen sich nun im Hoagan breit und die Teilnehmer werden nach vollendeter Heilungszeremonie peinlichst genau darauf achten, den Gott (= das Sandbild) aus dem Hogan herauszukehren und in alle Winde zu verstreuen – schließlich könnte es sonst geschehen, daß er sich an den ausführenden Personen dieser Zeremonie doch noch eines Tages rächt.

Zeremonialhütte (Hoagan) der Navajo

70

Vom Ursprung der Heilungszeremonien

Eine Indianergeschichte

Die Geschichte erzählt, wie bei uns die Zeremonien zur Heilung kranker Menschen entstanden. Vor langer, langer Zeit wurde die Erde erschaffen. Dann hat der Erdenschöpfer auch für jeden Menschen ein Stück Land vorgesehen, auf dem er leben und das er sein eigen nennen konnte. Unser Volk lebte an einem solchen Ort. Doch den Menschen gefiel das Stück Erde nicht, und so wies ihnen der Erdenschöpfer einen neuen Platz zu. Als sie dorthin zogen, schliefen sie gut. Das Land gefiel ihnen, und sie führten ein gutes Leben.

Dann erkrankten bei ihnen zwei Männer und wurden von Tag zu Tag schwächer. Die Menschen halfen ihnen nicht,

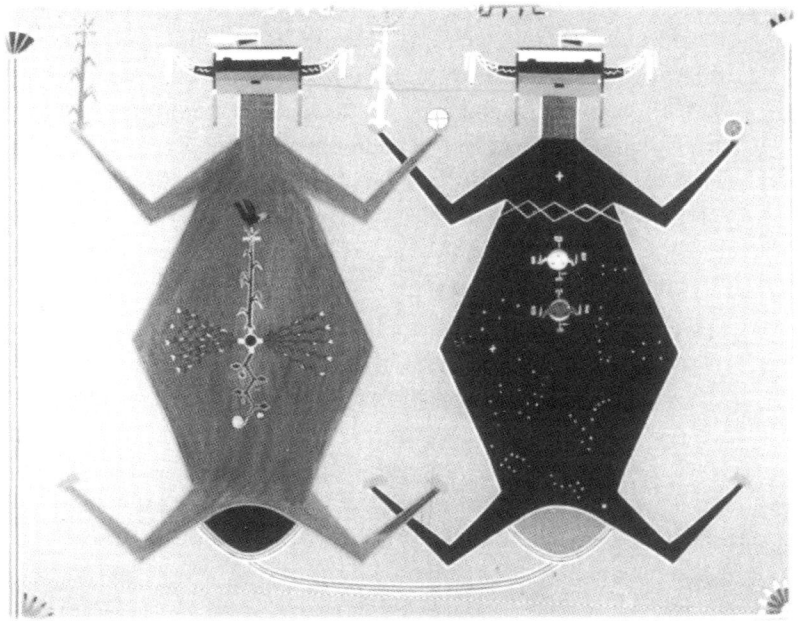

„Blaue Mutter Erde und Schwarzer Vater Himmel"

71

weil damals niemand wußte, was Krankheiten sind und wie man sie heilen kann. Da sprach der Erdenschöpfer: «Warum helft ihr den beiden Männern nicht? Warum sprecht ihr nicht einige Formeln über ihnen?» Doch die Menschen kannten keine Heilzeremonien.

Vier Männer des Volkes standen zufällig einmal in vier Himmelsrichtungen - einer nach Osten, einer nach Süden, einer nach Westen und einer nach Norden. Der Erdenschöpfer wandte sich an einen dieser Männer und erklärte ihm:

«Alles auf Erden hat die Kraft, eine besondere Krankheit hervorzurufen, ein bestimmtes Leiden zu verursachen. Es gibt jedoch einen Weg, alle diese Dinge zu heilen.» Nun verstand der Mann, daß Wissen vorhanden ist. Daraufhin blieben die vier dort stehen. In der ersten Nacht begann der im Osten stehende Mann von ganz allein ein bestimmtes Gebet zu singen. In der zweiten Nacht begann der im Süden die Trommel zu schlagen und Blitzlieder zu singen. In der dritten Nacht sang der im Westen ein besonderes Gebet. In der vierten Nacht begann der im Norden zu trommeln und Blitzlieder zu singen. Diese Handlungen hatten sie sich nicht selbst ausgedacht. Sie wurden ihnen vom Erdenschöpfer eingegeben. Es war, als ob das Wissen, welche Lieder oder Gesänge sie anstimmen sollten, plötzlich von außen auf sie übertragen worden wäre.

Dann sprach der Erdenschöpfer zu den vier Männern: «Warum geht ihr nicht zu den beiden Kranken, sprecht einige Formeln über ihnen und macht sie gesund?» Da begaben sich die vier zu den beiden Kranken und führten die Zeremonie bei ihnen durch, und sie wurden geheilt. Seit jener Zeit haben wir die Heilzeremonien und das Wissen von den verschiedenen Krankheiten und ihren Ursachen. Auf diese Weise entstanden alle Heilzeremonien.[10]

Der Ablauf einer Heilungszeremonie

Die meisten der großen Zeremonialgemälde werden mit verschiedenfarbigem Sand auf dem Boden des Zeremonialhogan hergestellt. Im Durchmesser reichen sie von einem knappen halben Meter bis zu vier Metern. Es kann einige Stunden dauern, bis der Medizinmann und mehrere Gehilfen ein Gemälde fertiggestellt haben. Die Gehilfen arbeiten unter der Anleitung des Medizinmannes, und er allein trägt die Verantwortung dafür, daß das Bild in allen Einzelheiten richtig ist.

Fixierte Vorlagen gibt es nicht; der Medizinmann richtet sich einzig und allein nach dem Bild "in seinem Kopf". Es wird nichts vorher skizziert; mit einer Latte wird lediglich eine plane Sandfläche hergestellt, und zum Ziehen gerader Linien dient eine gespannte Schnur als Hilfsmittel. Es werden nur wenige Farben eingesetzt, die meisten bestehen aus

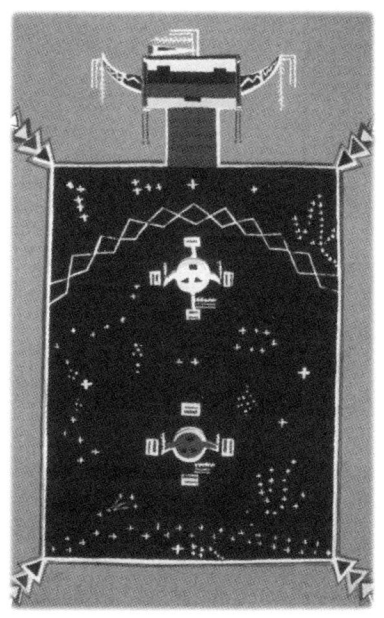
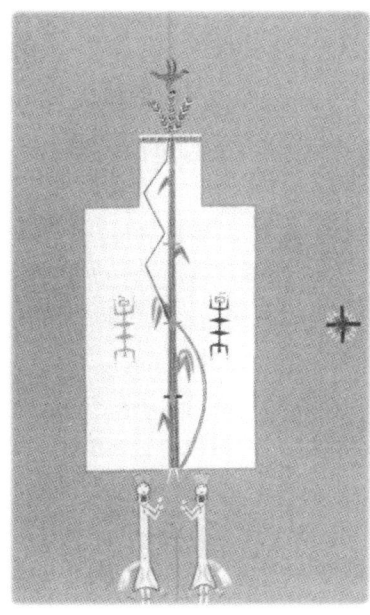

Der Himmel   *Weiße Erde*

pulverisiertem Sandstein. Schwarz entsteht aus Holzkohle, gemischt mit Sand; Weiß aus Gips oder weißem Sandstein; Blau aus Weiß plus Schwarz oder aus zermahlenem bläulichem Stein; Gelb aus gelbem Ocker oder gelbem Sandstein; Rot aus rotem Sandstein. Eine eigene Farbe grün gibt es nicht; statt dessen wird blau verwendet. Alle Farbmaterialien werden fein zermahlen. Das Pulver kommt in die rechte Hand und fließt zwischen Daumen und gebogenem Zeigefinger als feiner gleichmäßiger Faden auf das Bild.

Ist das Gemälde fertig, wird der Erdboden zum heiligen Altar, auf dem die Götter kommen und gehen (ikááh). Der Patient darf nun eintreten und sieht das Gemälde in seiner vollendeten Form.

Ein typischer Sandpainting-Ritus bei den Navajos

Vor dem Ereignis
- Das Gemälde wird fertiggestellt.
- Gebetsstöcke werden ringsherum aufgestellt.
- Kräutersudgetränke in Schalen werden von Wächtern bereitgestellt.
- Frauen bringen Speisen.
- Die Männer essen.
- Der Medizinmann segnet das Gemälde mit Blütenstaub.
- Ein Ausrufer verkündet den Beginn der Zeremonie.
- Der Patient tritt ein, mit einem Korb Maismehl in der Hand.
- Er streut das Mehl als Nahrung auf das Bild.
- Er zieht sich aus.
- Der Medizinmann führt ihn zum Gemälde.
- Der Patient setzt sich auf das Gemälde, mit dem Gesicht nach Osten.
- Der Medizinmann singt mit einer Rassel.
- Medizinbündel werden dem Patienten aufgelegt und angepreßt.
- Kräutersud kann getrunken werden.

Hauptereignis
- Der Medizinmann gießt Kräutersud auf seine Hände.
- Er berührt den Kopf der Sandfiguren.
- Er berührt den Kopf des Patienten.
- Dabei stößt er bestimmte Laute aus.
- Kraft wird übertragen.
- Das gleiche tut er für Hals, Brust, Arme und Beine des Patienten.

Nach dem Ereignis
- Der Patient und die Zuschauer werden beräuchert.
- Mit einem Büschel Adlerfedern wird Sand vom Patienten abgebürstet.
- Er verläßt den Hogan.
- Der Sand wird in eine Decke geschüttet und nach Norden fortgetragen.

Black Elk über die Bedeutung der Sandpaintings

Black Elk, der letzte große Seher der Oglala-Sioux beschreibt ein solches Sandpainting (Mandala) folgendermaßen:

»Alles, was die Kraft der Welt tut, vollzieht sich in einem Kreis. Der Himmel ist rund, und ich habe gehört, daß die Erde wie eine Kugel rund ist, und so sind alle Sterne. Der Wind, wenn er seine höchste Macht entfaltet, bildet Wirbel. Die Vögel bauen sich runde Nester, denn ihre Religion ist die gleiche wie die unsrige. Die Sonne kommt hervor, und geht wieder in einem Kreise nieder. Der Mond tut dasselbe und beide sind rund. Selbst die Jahreszeiten bilden ihren wechselnden Gang in einem großen Kreis und kehren immer dorthin zurück, von wo sie gekommen. Eines Menschen Leben ist ein Kreis von Kindheit zu Kindheit, und so verhält es sich mit allem, darin Kraft sich regt. Unsere Tipis waren rund wie Vogelnester, und diese wurden stehts in einem Kreis angelegt, dem Ring des Volkes, einem Nest von vielen Nestern, wo der Große Geist wollte, daß wir unsere Kinder hegen.«[11]

Die Farbsymbolik der Navajos

Wir können, dem Umfang dieses Buches entsprechend, nur kurz auf die Symbolik der traditionellen Sandmalerei der Navajos eingehen. Der interessierte Leser wird im Anhang jedoch hinreichend Literaturhinweise zu dieser Thematik finden, um sich eingehender zu informieren.

Die von den Navajos verwendeten Farben, welche wir bei unseren modernen Sandbildern verwenden, entsprechen dem Element Erde (siehe Spirituelle Farbenlehre).

Eine Farbe auf einem traditionellen Navajo-Sandpainting vertritt eine Himmelsrichtung, eine Tageszeit, eine Jahreszeit, ein Stadium im menschlichen Leben und eine der Unterwelten, aus der einst die Urwesen aufstiegen. Die wichtigsten dieser Symbolfarben bei den Navajos sind weiß, blau, gelb und schwarz.

Weiß ist die Farbe des Ostens und des Morgens. Es ist die Farbe des Frühlings, der Jugend und der Oberwelt. Weiß repräsentiert Neuanfänge und spirituelle Reinheit. Der Farbe weiß ist eine gewisse Distanziertheit und Kühle eigen, und auf den Sandpaintings ist es meistens die Farbe des Mondes. Das Geistland ist stets weiß, desgleichen die Ethkay-nah-ashi, die geheimnisvollen Lebensspender.

Blau ist die Farbe des Südens und der Mittagshitze. Es steht für Sommer, für die menschliche Lebensmitte und (in den meisten Mythen) für die zweite der Unterwelten, die der Mensch bei seinem Aufstieg aus dem Finsteren durchschritt. Es ist eine starke Kraft des Guten und stellt die sengende Glut der Sonne, die die Erde lebensspendend befruchtet und Pflanzen sprießen läßt dar. Da es auf den Sandgemälden der Navajo die Farbe Grün nicht gibt, vertritt Blau den Mais und alle sonstigen Pflanzen. Türkisblau bringt Segen und Glück. Regen, Wärme und Fruchtbarkeit werden durch Blau ebenfalls dargestellt.

Gelb ist die Farbe des Westens und der Abenddämmerung. Es steht für den Herbst und die volle Reife des menschlichen Lebens, ferner für die dritte der Unterwelten, durch die der Mensch aufgestiegen ist. Es ist die Farbe des spirituell Guten. Es ist fast nie böse und bringt stets spirituellen Segen und körperliches Wohlbefinden. Alle gelben Gegenstände -

76

wie Jaspis und gelbe Blumen - sollen Heileigenschaften besitzen. Die Farbe Gelb verweist auf den Kern der Dinge und verkörpert reife Weisheit.

Schwarz ist die Farbe des Nordens und der Nacht, des Winters, des Alters und des Todes. Es steht für die erste und tiefste der Unterwelten. Schwarz ist eine überwiegend negative Farbe, verbunden mit Bösem, mit der Unterwelt, mit Zerstörung und Hexerei. Schwarzer Wind, Schwarzer Hagel und Schwarzer Blitz sind destruktive Gottheiten. Doch es gibt auch eine gute Seite. Schwarze Berge im Norden - manchmal auch im Osten - schützen die Navajo vor ihren Feinden. Schwarze Wolken und schwarzer Donner, so furchterregend sie sein mögen, bringen Regen und damit Fruchtbarkeit.

Rot symbolisiert rohe Gewalt, Lebenskraft, Gefahr und Gift. In manchen Mythen repräsentiert es die unterste Unterwelt. Rot an einer Pfeilspitze oder auf einem Schlangenkopf im Sandbildnis deutet auf Gift und Tod. Rote Mützen, von Kriegern getragen, sollen Tötungspotenz veranschaulichen. Andererseits kann Rot auch Lebenskraft ausdrücken. Wenn Tiere gezeichnet werden, haben sie oft eine rote "Lebenslinie", die vom Mund zum Herzen läuft. Gemeinsam mit Blau ist Rot häufig die Farbe des Regenbogenhüters, der viele Sandpaintings umschlingt und schützt. Und schließlich ist es die Farbe des Feuers und der Wärme. Ein rotes Kreuz im Mittelpunkt oder an der Peripherie eines Sandgemäldes bezeichnet den Ort eines Feuers. Auf einem Sandgemälde erscheinen die Berggöttinnen, gekleidet in vier rote Feuerpyramiden. Sandgemälde, die die Feuertanz-Zeremonie der letzten Nacht wiedergeben, haben im Mittelpunkt ein rotes Kreuz als Symbol des großen Feuers, um das getanzt wird.

Bildquellen von Sandner, D. mit freundlicher Genehmigung des Wheelwright Museum of the American Indian, Santa Fe
⁹Wilfred Peletier in: Look into the heart, Leben in zwei Welten, von Sabine Kückelmann.
¹⁰1939 von Grenville Goodwin überliefert. Quelle: Der Tanz der Büffel, Scherz Verlag
¹¹ Black Elk in: Schwarzer Hirsch: Ich rufe mein Volk, 1984

Die Europäer - eine Konstruktion

Es liegt im Dunkel der Geschichte und ich äußere hier nichts anderes als eine Vermutung, denn wissenschaftlich können wir die Sandmalerei in Europa nicht nachweisen.

Als ich mich jedoch zur Buchmesse 1998 mit meinem Verleger über dieses Buch unterhielt, kam uns beiden spontan der Gedanke, daß es doch schön wäre, wenn wir sozusagen in jeder Himmelsrichtung diese Tradition der Sandmalerei beschreiben könnten. Irgendwie hatten wir dabei das Bild des Medizinrades vor Augen: im Osten die Tibeter, im Süden die Aborigines, im Westen die Navajos und im Norden..., ja eben Kelten und Germanen! Deswegen finden Sie hier nun ein Kapitel über die Europäer.

Verschiedene keltische Motive, die sich auch mit Sand sehr schön darstellen lassen.

78

Kelten und Germanen hatten ein sehr feinfühliges Kunstverständnis, wie wir anhand der archäologischen Funde nachweisen können und da wäre es doch auch möglich, daß sie mit dem Sand als künstlerischem Element gearbeitet haben. Es liegt auf der Hand, daß wir diese Sandbilder nicht mehr finden können. Entweder es hat sie tatsächlich nie gegeben, oder aber sie waren vergänglich, weil eben traditionell nicht konserviert.

Was könnte aber nun auf diesen Sandbildern abgebildet gewesen sein? Als ich auf einer Schwedenreise vor zwei Jahren vor den Felsritzungen in Tanum stand und mir diese Kosmogonie in Stein betrachtete wurde mir klar, das hier eine alte Stammesgeschichte erzählt wurde. Auf diesen Felszeichnungen finden wir unter anderem Szenen mit Kriegern und Schiffen und diese Szenen sind in der Draufsicht dargestellt. Das Gleiche also wie bei den Sandpainting. Bei diesen Felsritzungen finden wir sogar noch das Abbild verschiedener Sternen-Konstellationen und man kann sich jetzt darüber streiten, ob diese Geschichten die Geschichten des Himmels sind, oder ob es sich um eine Datierung handelt, die anhand der Sternenkonstellationen die Aera dieser Geschichten fixieren wollen, oder was auch immer.

Diese Bilder in Stein wären auch in Sand möglich, nur dann wären sie bestimmt nicht bis in die heutige Zeit gekommen.

Vielleicht möchten Sie mit diesen archaischen Figuren und Zeichnungen ja ein bißchen experimentieren. Aus diesem Grund haben wir hier ein paar dieser Steinzeichnungen für Sie abgebildet.

Ein weiterer sehr interessanter Formen- und Ornamentalfundus steht uns aus der Welt der Kelten zur Verfügung. Es könnte doch durchaus sehr reizvoll sein, einmal ein Sandbild mit keltischen Schlingmustern zu entwerfen. Es wird Ihre Sandbild-Galerie bestimmt aufs vortrefflichste ergänzen und bereichern.

Wir haben Ihnen hier ein paar einfache Beispiele herausgesucht, mit denen Sie sich ja einmal versuchen können.

Egal ob wir uns hier nun auf einem historisch gesicherten Boden bewegen oder auch nicht: Die Kunst unserer nord- und westeuropäischen Vorfahren kann uns mit Sicherheit zu weiteren und reizvollen Sandbildern der Moderne anregen.

Wenn Sie erfahren möchten, wie man diese keltischen Schlingmuster selber entwirft und konzipiert, so bietet Ihnen der Arun Verlag eine sehr interessante Reihe von Aidan Mehan (Celtic Design) an.

Sand & Sandskulpturen

Einen ganz eigenen Weg geht der Multikünstler Scott Radke aus Cleveland, Ohio. Sein künstlerischer Weg ist sehr eng mit dem Material Sand verwachsen und aus diesem Grund möchten wir keineswegs versäumen, ihn und seine Arbeit hier vorzustellen.

Im Sommer 1996 wurde es ihm in seinem Atelier zu warm und er ging an den Strand von Cleveland. Da es auch in den kommenden Tagen nicht kühler werden wollte, verbrachte er viel Zeit am Strand und da er nicht nur einfach so dasitzen konnte und nichts tun, begann er plötzlich damit, Sandskulpturen zu formen. Anfangs experimentierte er noch mit dem ihm bis dahin unbekannten Material für seine künstlerischen Zwecke, doch dann entstanden interessante Formen und Figuren. Die leuchtenden Augen der Kinder spornten ihn schließlich an, weiterzumachen.

Der Sand des Meeres, seine eigenen Hände, ...

...die Feder einer Seemöve und die Kamera seiner Tante.

Der Winter kam und die Idee mit den Sandskulpturen ging ihm nicht mehr aus dem Kopf. Die Vergänglichkeit dieser Kunstwerke reizte ihn und brachte auch sogleich eine neue Idee mit sich: Seine Tante schenkte ihm eine alte Kamera und obwohl er sich noch nie näher mit Fotografie beschäftigt hatte, gelang ihm im kommenden Sommer eine neue Kunstrichtung: Fotografien seiner Sandskulpturen.

Der Sand des Meeres, seine eigenen Hände, die Feder einer Seemöwe und die Kamera seiner Tante - das sind die Werkzeuge und Elemente, die er für seine Tätigkeit benötigt, nicht mehr und nicht weniger. - Was daraus geworden ist, können Sie auch im Farbteil dieses Buches bewundern. (siehe Bildseite XXII - XXIII)

Zwei Jahre nach dem Start von Radkes Sandskulpturen kam dann noch ein Element hinzu. Er begegnete der Tanzchoreografin Sarah Morrison. Sie betrachtete einige der Fotografien und wurde durch seine Skulpturen zu einer Choreografie inspiriert. So entstand das Stück „Erie Sirens", welches zum Ende des Sommers 1998 zum ersten mal öffentlich und kostenfrei aufgeführt wurde: Sandskulpturen, Gesang und Tanz - eine faszinierende Mischung. Auf diese Art und Weise wurde der Strand von Cleveland zu einem öffentlichen Theater und die Aufführungen werden auch heute noch fortgesetzt.

Wer mehr über den Künstler Scott Radke erfahren möchte kann ihn im Internet besuchen. Die Adresse lautet:

 http://members.tripod.com/scottradke/art.htm

Wenn Sie auch einmal Lust haben Sandskulpturen zu entwerfen, tuen Sie sich keinen Zwang an. Es ist leichter als man denkt und gerade die Vergänglichkeit, der Wandel der Formen durch Ebbe und Flut, machen diese Kunst ebenso interessant wie die traditionelle Sandmalerei. Ihre Kinder werden begeistert sein und wir können Ihnen nur wünschen, daß Sie während ihres Urlaubs am Strand auch noch vor lauter Begeisterung zu etwas anderem Zeit finden.

Bildquellen alle © Scott Radke

Sand & Design

In diesem Kapitel lassen wir den Verleger selbst zu Wort kommen, denn er wird uns schildern, wie er mit Hilfe von Farbsand und ein wenig Experimentierfreude das Design eines aktuellen Buchumschlags verwirklicht hat.

Das Buchprojekt: Der Kreis der Alten

Im Jahre 1997 ergriffen der Dalaï Lama und die französischen Buddhisten um Lama Denys Teundrop die Initiative zu einer völlig neuen Zusammenkunft, die dem Ende des Jahrtausends würdig ist. Ganz eindeutig stehen die ältesten Traditionen der Menschheit im Mittelpunkt: Schamanen aus Sibirien und dem übrigen Asien, Medizinmänner aus Nord- und Südamerika, afrikanische Voodoopriester und weise Aborigines aus Australien.

Anstatt wie so oft ausgeschlossen oder einfach nur geduldet zu werden, konnten die Vertreter dieser Urtraditionen im April 1997 im französischen Buddhistenkloster Karma Ling eine ganze Woche lang miteinander diskutieren und ihre Rituale feiern, um schließlich einem Publikum von siebentausend Personen feierlich ihre Sicht vom Zustand der heutigen Welt darzulegen und ihren Rat der Alten zu erteilen.

Die französischen Journalisten Patrice van Eersel und Alain Grosrey erzählen und analysieren dieses außergewöhnliche erste Treffen der *Vereinten Traditionen* im Detail. Sie sprechen mit allen Teilnehmern und dem Dalaï Lama, für den der Dialog zwischen den modernen und den Urtraditionen lebenswichtig ist.

Dieses Buch bringt eine tiefgreifende Analyse der authentischen Traditionen, ihrer Mythen und heiligen Lieder, ihrer Zeremonien und großen Visionen, sowie der Botschaft ihrer Ältesten an die Welt.

Die Designidee

Da sowohl "Der Kreis der Alten" als auch das hier vorliegende Buch "Sand & Seele" zeitgleich für die Erstauflage vorbereitet wurden, war der Verlag für diese Thematik sensibilisiert. In beiden Büchern bilden die Kulturen und die Spiritualität der Tibeter, der Indianer und der Aborigines den Schwerpunkt – und so war es bald klar, bei der Gestaltung des Titelblattmotivs nicht nur die Symbolik des Kreises bzw. des Mandalas aufzugreifen, sondern dieses Motiv auch in traditioneller Sandmalerei herzustellen.

Die Auswahl der Motive

Unser Motiv sollte all das symbolisieren, was die Zusammenkunft der *Vereinten Traditionen* so einzigartig und bedeutsam machte: die tief empfundene Einheit der unterschiedlichen spirituellen Traditionen. Das sechsspeichige Rad, auch bekannt als Hagal-Rune (jüngere Futhark), symbolisiert als Rune des heiligen Haines (= Hag) den Urkeim, den Ur-samen, ja die Struktur der Welt (= All). Die Hagal-Kraft ist die das All Umhegende. Dieses Rad der hegenden Kraft hält nicht nur die Traditionen in Veränderung, sondern die sich verändernden Traditionen sind Garant für das Bestehen des Hains bzw. Hags. Die Farben, in denen wir die Hagal dargestellt haben, sind die vier heiligen Farben der Lakota (Sioux-Indianer), nämlich gelb, rot, blau und schwarz. Die ausgewählten sechs Traditionen sind stellvertretend für die vielen Traditionen, die an dieser Zusammenkunft teilnahmen.

• Eurasischer Schamanismus: Die dargestellte Figur ist einer bronzezeitlichen Felszeichnung aus Oka/Irkutsk (Sibirien) nachempfunden und zeigt einen Tänzer in ritueller Körperhaltung und einer geweihähnlichen Kopfbedeckung. Der schamanische Bezug ist eindeutig.

• Tibetischer Buddhismus: Das Dharma-Rad ist das Rad der buddhistischen Lehre. Es symbolisiert die vier edlen Wahrheiten, den achtfachen Pfad und den mittleren Weg. Die Nabe des Rades, welches auch Dharmacakra genannt wird, steht für die ethische Disziplin und die acht Speichen für den achtfachen Pfad, mit dem die Unwissenheit überwunden werden soll. Die Felge versinnbildlicht die Konzentration.

• Der tibetische Bön-Schamanismus: Ein Mdos (Fadenkreuz) ist einem Spinnennetz nicht unähnlich und hat die Funktion einer Geisterfalle. Ist ein Mdos fertiggestellt, wird die Gottheit eingeladen herabzusteigen. Mdos findet man über den Eingängen von Häusern, oft in Kombination mit Widderschädeln, die mit Mond- und Sonnensymbolen bemalt sind und in deren Hirnschale Türkise, Silberstückchen, Münzen oder Getreidekörner gelegt werden. Dies dient der Aktivierung der schützenden Macht. Nach einiger Zeit zerstört man die Schutzfadenkreuze und vernichtet dadurch die bösen Geister, die sich darin verfangen haben.

• Australien und die Aborigines: Seit ewigen Zeiten lebt im Inneren der Erde Wunggud, die Erdschlange. Sie ist weiblich und Name, Körper, Substanz und Kraft der Erde. Die ganze Natur wächst am Körper der Schlange. Wir haben sie hier bewußt als Regenbogenschlange dargestellt.

• Afrikanischer Voodoo-Kult: Der Legba ist ein Götterbote und es gibt kaum ein Dorf in Benin, in welchem er nicht mit einer Fetischfigur verehrt würde. Oft, aber nicht immer, wird er mit eregiertem Penis dargestellt, da er nicht nur neues Leben zeugt, sondern auch Leben zerstört, wenn es seiner Aufgabe dient, nämlich die Kommunikation zwischen der übersinnlichen und der realen Welt in Bewegung zu halten.

• Die indianischen Kulturen: Der mysteriöse, bucklige Flötenspieler aus dem Südwesten der USA ist als Kokopelli bekannt und eine heilige Figur der indianischen Ureinwohner. Er gilt als Fruchtbarkeitsbringer, Regenpriester, Jagdmagier und Trickster und man findet seine Darstellungen zu Hunderten an den Fels- und Höhlenwänden. Unsere Darstellung ist einer Petroglyphe aus der West Mesa, Albuquerque nachempfunden.

Praktische Umsetzung und persönliche Erfahrung

Welches Material eignet sich für die Trägerplatte? Wie groß müssen wir das Original anlegen? Sollen wir kleben oder traditionell arbeiten? Der praktischen Umsetzung gingen also einige Versuche und Experimente voraus, und es brauchte Geduld und ein gewisses Maß an Hartnäckigkeit, bis eine Vorstellung davon gereift war, wie es gehen könnte. Seltsamerweise ging es dann wirklich...

Als Trägermedium standen uns eine Platte aus Polystyrol und ein Stück Hartfaserplatte aus Holz zur Verfügung. Beide fanden sich bei einer Visite im Keller und boten sich an. Die Hartfaserplatte allerdings war nicht gerade sauber, und da der Hintergrund weiß sein sollte, zeigte schon punktuelles Streuen, daß es ohne Grundierung wohl nicht gehen würde. Also entschieden wir uns für die weiße Polystyrolplatte, die wir allerdings mit Sandpapier kräftig aufrauhten, damit der Sand wenigstens annähernd so etwas wie Haftung vorweisen konnte und beim Streuen nicht in alle Richtungen davonrollte.

Jetzt konnte uns nichts mehr halten: Sand auspacken, Sand zwischen die Finger nehmen, Sand rieseln lassen, ... welch ein Gefühl,... welch dumme Gesichter angesichts der Ergebnisse. Sandpainting schien wohl nicht so einfach. Und das dauerte, bis der Kleber endlich trocken wurde. Auch die Größenordnung haben wir anfangs falsch eingeschätzt, Sandpainting ist nicht Bleistiftzeichnen! Es begann schwierig zu werden, der Zeitplan geriet durcheinander, und wir lernten, daß das Material seine eigenen Gesetze hat.

Unsere Vorzeichnung haben wir dann mit Bleistift im Großformat (1 Meter mal 1 Meter) auf Platte gebracht. Mama´s Müsliteller hatten gerade den richtigen Durchmesser für die Bildtafeln. Die restlichen Striche machten wir frei Hand mit Hilfe eines Radiergummis, an dessen Ende ein Bleistift war. Um die nötige Genauigkeit und Detailschärfe beim Sandrieseln zu erreichen, falteten wir kleine Papierschnipsel in Form eines V, füllten etwas Farbsand ein und ließen ihn aus der unteren Spitze des V auf die Vorlage laufen. Dabei hielten wir die Tüte zwischen Daumen und Zeigefinger der rechten Hand und tupften mit dem linken Zeigefinger sanft aber stetig auf den oberen Tütenrand.

Mit Musik geht alles besser, dachten wir uns, und bestückten den CD-Spieler: *Garmarna*-Schwedenfolk für den schamanischen Hirschtänzer des Nordens, Klangschalenmeditation für das Erstellen des buddhistischen Dharma-Rades und des Bön-Mdos, Didgeröhren von *Bushfire* fürs Errieseln der Regenbogenschlange, heiße Trommelrhythmen von *Les Tambours de Brazza* für die Darstellung des Legba und *Charlos Nakai´s* Flötenimprovisationen für den Kokopelli.

Schließlich verzichteten wir auch auf den Kleber und erstellten das Motiv auf traditionelle Weise. Körperliche Konzentration, Musik und eigene Gedanken verbanden sich schon nach kurzer Zeit zu einem eigenartigen Ganzen, welches uns die Zeit vergessen ließ. War zwar der Anlaß profan (Erstellung eines Titelblatts), so können wir nach zwei Tagen Arbeit mit Gewißheit sagen, daß die Durchführung ein tiefes spirituelles Erleben bewirkt hat. Der Einsatz von Kleber hätte hier als Fremdkörper gewirkt und die Kreativität und die mythischen Empfindungen eher verhindert als freigesetzt. Kleber klebt, Sand rieselt, der Geist entschwebt! Das ist uns klar geworden.

Nach dem Fotografieren haben wir das Motiv in einer kleinen Zeremonie verabschiedet. Wir bedankten uns bei den *Spirits*, daß alles zu unserer Zufriedenheit ablief, wir eine schöne Zeit hatten und interessante Erfahrungen machen durften. Dann haben wir die Platte über dem Sandkasten meiner Kinder geneigt ...

Sand & Management

Die Anforderungen der heutigen Arbeitswelt im Bereich des Management brauchen den ganzen Menschen, ja sie fordern den ganzen Menschen. Nur diejenigen, welche "voll da" sind, können sich an der Spitze einer Firma halten. Daß es dabei nicht leicht ist, das berühmte Magengeschwür zu umgehen, ist bekannt und seit vielen Jahren werden Wege gesucht, wie man die Gegensätze Beruf und Menschsein in diesem Bereich in ein Gleichgewicht bringen könnte. Einige gehbare Wege wurden gefunden – Sandmalerei ist einer davon.

Es zählt mit zu den schwierigsten Aufgaben eines Managers, nach Feierabend "den Aus-Knopf" zu finden. Die Arbeit geht einem nicht mehr aus dem Sinn, und die Zeit für das, was Privatleben und die Seele des Menschen fordern, schwinden immer mehr, die Managerkrankheit ist vorprogrammiert.

Durch die Arbeit mit der Sandmalerei zur kreativen Gestaltung findet sich neben der Befriedigung durch einen kreativen Prozeß auch dieser berühmte "Aus-Knopf". Die Sandmalerei nimmt während des Ablaufes einen solchen Platz beim Praktizierenden ein, daß kein Raum mehr für den alltäglichen Streß- und Arbeitsbereich bleibt. Während der Sand rieselt, bildet sich ein Raum des tiefen Glücks und der Streß rinnt dahin.

Der meditative Aspekt dabei ist ganz einfach zu erlangen. Das gleichmäßige Fließen des Sandes und die erforderliche Genauigkeit bei der Bearbeitung der exakten Flächen ermöglichen eine Art der inneren Versenkung, die für die Meditation und Imagination so wichtig ist. Der Lohn der Mühe liegt in dem Finden der Mitte des eigenen, inneren Mandalas und der Balance im Geistbereich des Sandbildes. Schließlich spricht Farbsand seine eigene Sprache und vermittelt die ursprüngliche Kraft erdverbundener Energie.

Einmal erfolgreich in die Technik des Sandpaintings eingeführt, eröffnen sich für die Teilnehmer bereits verschollen geglaubte innere Räume des Friedens, welche anschließend genutzt und belebt werden können. Der wiedereröffnete Zugang in das eigene Reich der Mitte birgt das Potential in sich, das gewinnbringend im gesamten weiteren Leben angewendet werden kann.

Diese durchweg positiven Aspekte der Sandmalerei macht sich die Xephyr GmbH, Frankfurt, zunutze und bietet Einstiegs- und Wochenendseminare zum Thema Kreative Meditation an.

Nach der erfolgreichen Einführung des hochwertigen Sandmalsortiments SandArt will das Frankfurter Unternehmen dem steigenden Bedarf nach Einführung in die Technik und Philosophie dieser Meditationsform entgegenkommen. Dafür wurde jetzt das SandArt-Angebot um die Kreativseminare erweitert.

Für Interessenten, die diese Form der Meditation professionell einsetzen möchten, bietet Xephyr Wochenendseminare an. Der Schwerpunkt des als Workshop angelegten Wochenend-Seminars liegt auf der Erstellung eines Sandbildes, dessen Motiv in dem Seminar erarbeitet wird. Außerdem werden Einblicke in die Geschichte der Sandmalerei und deren meditative Möglichkeiten vermittelt.

Manager, Trainer, Künstler und Kursleiter sind eingeladen, sich mit der spirituellen Kraft, die aus der naturverbundenen Meditationsform entsteht, vertraut zu machen, aber besonders Heilpraktiker, Therapeuten und Pädagogen profitieren in zweierlei Hinsicht von einer Teilnahme. Für sich selbst erleben sie eine zwar alte und bewährte, aber dennoch fast in Vergessenheit geratene Meditationsart, die sie im zweiten Schritt als ein Therapieelement für ihre Klientel einsetzen können.

Für ein erstes Kennenlernen bietet Xephyr halbtägige Einstiegsseminare an. Hier steht die eigene Kreation eines Sandbildes im Vordergrund, die sehr schnell die heilsame Wirkung des Umganges mit dem natürlichen Material bewußt werden läßt.

Die professionellen Wochenend-Seminare und Schnupper-Kurse werden in Frankfurt, in angenehm eingerichteten Räumen durchgeführt.

Anhang

Literatur, eine Auswahl:

• Aboriginal culture abroad Ltd., *Die lehrenden Steine des verschwundenen Stammes*
• Bächtold-Stäubli, *Handwörterbuch des deutschen Aberglaubens*, de Gruyter, 1987
• Berndt, C.H., *Land of the Rainbow Snake*, Collins, Sydney, 1979
• Bierhorst, J., *In the Trail of the wind*, Farrar Straus Giroux, 1998
• Bogner, P., *Traumzeit*, Mosaik-Verlag, 1999
• Brower, K., *Navaho Wildlands*, 1967
• Dahlke, *Mandala-Malblock*, Hugendubel 1999
• Charlesworth, M., *Ancestor Spirits*, Geelong, 1990
• Eliade, M., *Der Mythos der ewigen Wiederkehr*, 1953
• dto., *Schamanismus und archaische Extasetechnik*, Suhrkamp 1997
• Erdoes, R., *Der Tanz der Büffel*, Scherz 1997
• Fromm, E., *Wege aus einer kranken Gesellschaft*, DTV, 1991
• Haile, B., *Navaho Chantways and Ceremonials,* 1938
• Hiatt L.R., *Australian Aboriginal Mythology*, Cambridge University Press, 1996
• Kluckhohn, C., *Navaho Witchcraft*, Beacon Press, 1995
• Lawlor, Robert, *Am Anfang war der Traum*, Droemer-Knaur, 1999
• Meehan, Aidan, *Celtic Design – Handbuch für Einsteiger*, Arun, 1999
• Meehan, Aidan, *Celtic Design – Keltische Flechtmuster*, Arun, 1999
• Meehan, Aidan, *Celtic Design – Keltische Spiralmuster*, Arun, 1999
• Sandner, D., *So möge mich das Böse in Scharen verlassen*, Walter-Verlag, 1994
• Tucci,G., *The Theory and Practice of the Mandala,* 1939
• Villasenor, D., *Mandalas im Sand,*1975

Information- und Bezugsquellen:

XEPHYR® Marketing und Vertriebs GmbH.*

• *Bezugsquellen für Händler und gewerbliche Kunden:*
Xephyr GmbH, Obermainanlage 26, D-60314 Frankfurt, Tel.: 069/4909030, Fax: 069/4980279
xephyr@compuserve.com; www.xephyr.de

• *Bezugsquelle für private Kunden:*
Gaia-Versand, Mühle im Hexengrund, D-07407 Engerda, Tel.: 036743/23312, Fax: -23317
service@gaia-versand.de; www.gaia-versand.de

• *Groß- und Versandhändler für Xephyr-Produkte in der Schweiz:*
TRAPEZ GmbH, Gotthardstr. 49, CH-8027 Zürich, Tel.: 0041-1-2027474, Fax: -2015501
trapez@active.ch; www.trapez.ch

weiterführende Informationen:

www.arun-verlag.de (die Homepage unseres Verlages)
www.amanita.de (Homepage von Igor Warneck)
http://members.tripod.com/scottradke/art.htm (Homepage von Scott Radke)
www.newportnet.com/archives/mandala/nancy/home.htm (Bilquelle)
www.sqshb.se/pellex/tibet/mandala/m-index.htm (Bildquelle)
www.chron.com/content/interactive/voyager/mandala/detail/jformat.html (Bildquelle)
www.sqshb.se/pellex/tibet/mandala/m-index.htm (Sandmandalas)
www.wao.or.jp/smiwa (Sandmuseum Japan)
www.newportnet.com/archives/mandala (Sandbilder-webcam)

* Der Markenname XEPHYR ® ist unter der Registernummer 39741276 beim Deutschen Patentamt geschützt.

Zweitägiges Xephyr-Profi-Seminar für Sandmalerei: Kreative Meditation: Sandmalerei und Spiritualität

Das Seminar richtet sich an Manager, Künstler, Trainer, Heilpraktiker, Therapeuten, Pädagogen, Kursleiter und andere Interessierte, die sich von anderen Angeboten angenehm abheben wollen und daher innovative Möglichkeiten in Betracht ziehen.

Die Kreative Meditation mit Sandmalerei ist ein wichtiges Add-on für Ihre berufliche Erfolgspraxis.

In diesem Seminar erhalten Sie Anregungen aus den spirituellen Hintergründen der traditionellen Sandmalerei: Meditation, Rituale und Magie der kulturellen Sandmaltraditionen der Navajo-Indianer, Tibeter und australischen Aboriginees.

Es werden keinerlei Vorkenntnisse oder künstlerische Begabung vorausgesetzt, das benötigte SandArt-Material ist im Kurspreis enthalten.

Veranstaltungsort: Frankfurt/M. Seminarleitung: Manfred W.H. Becker

Termine: nach Vereinbarung, auch Einzelkurse möglich.

Mallorca, Insel der Farben und des Lichts: Wochenendseminar Sandmalerei & Spiritualität

Auf Wunsch wird ein kompletter Mallorca-Aufenthalt rund um das Wochenendseminar "Sandmalerei & Spiritualität" organisiert. Flug, Hotelreservierung, Sport-, Wellness- und Kulturprogramm sowie Rundreisen zu den geheimen Schönheiten der Insel.

Sabine Klotz ist 36 Jahre alt, selbständige Personal-/Unternehmensberaterin & Coach seit 1994. Weiterbildung und eigene Erfahrung in Coaching, Intuition, Energiearbeit, Kreativität (Erstellen von Collagen, Aquarell- und Sandmalerei), seit 1997 auf Mallorca tätig. Sabine Klotz ist lizensierte Xephyr-SandArt-Trainerin für Sandmalerei.

Adressen und Termine aktueller Sandpainting-Seminare finden Sie auf unserer Homepage www.gaia-versand.de oder viel aktueller bei www.xephyr.de

Anforderungsschein für Farbsand-Einsteigerset

Mit diesem Bestellschein können Sie beim Verlag ein kostenloses Einsteigerset bestellen. Das Farbsand-Set besteht aus 6 verschiedenen Farben á 20gr. In der Regel liefern wir die Grundfarben schwarz, weiß, rot, grün, blau und gelb, jedoch kann es immer einmal vorkommen, daß eine Farbe vergriffen ist. In diesem Fall hat das Set eine andere Zusammensetzung.

Bitte haben Sie Verständnis dafür, daß Ihre Anforderung nur dann gültig ist, wenn sie auf **genau dieser Originalbuchseite** eingereicht wird. Kopien oder Faxe können leider nicht akzeptiert werden.

Ja, bitte senden Sie mir kostenlos das Farbsand-Einsteigerset (6 Farben á 20gr.)

Vorname: _____

Name: _____

Straße: _____

PLZ: _____

Ort: _____

Tel.: _____

Fax: _____

E-mail: _____

Bitte einsenden an: Arun-Verlag, Ortsstr. 28, D-07407 Engerda, Kennwort: Sand.

Gerne stellen wir Ihre Erstlingswerke auch den anderen Lesern auf unserer Homepage vor. Senden Sie uns einfach ein oder zwei gute Farbfotos Ihres Sandpaintings.

ARUN-Verlag
Ortsstr. 28, D-07407 Engerda
Tel.: 036743/233-11
Fax: 036743/233-17
email: webmaster@arun-verlag.de
Internet: www.arun-verlag.de.

Gerne senden wir Ihnen unseren Farbprospekt zu, der Sie über unsere anderen Titel informiert.

Aktuelle Titel:

• Patrice Van Eersel, Alain Grosrey: **Der Kreis der Alten**. Die Vereinten Traditionen: Schamanen, Medizinmänner und Weise Frauen um den Dalai Lama. 432 Seiten, gebunden, Schutzumschlag, 68,00 DM.

• Scout Cloud Lee: **Der Heilige Kreis**. Ein Medizinbuch für Frauen. Aufmerksame Leserinnen erhalten viele heilsame und wohltuende Anregungen für ein Leben im Frieden mit sich selbst, den anderen und der Natur. Scout Cloud Lee gewährt Einblicke in die Weisheiten der Indianerstämme Nordamerikas und zeigt Wege auf, diese Weisheiten auch in unserer modernen und schnellebigen Zeit umzusetzen. 320 Seiten, 80 s/w-Abb., gebunden, Schutzumschlag, Großformat, 68,00 DM.

• Vicky Gabriel: **Der alte Pfad**. Wege zur Natur in uns selbst. Kein Buch für *Eingeweihte, Traditionalisten* und *esoterische Besserwisser*. Aber ein ausgezeichnetes Hand-, Rat- und Einsteigerbuch für all jene Frauen und Männer, die ihr Leben wieder den Rhythmen der Natur annähern wollen und dabei viele Fragen haben. 288 Seiten, 3 s/w-Abb., Broschur, 29,80 DM.

• Björn Ulbrich, Holger Gerwin: **Die geweihten Nächte**. Rituale der stillen Zeit. Ein praxisbezogener Ratgeber für Weihnachten und ein Füllhorn an Hintergrundinformation, Brauchtum und Mythologie, aber auch Tips und Hinweise für zeitgemäße naturreligiöse Weihnachtszeremonien. 128 Seiten, durchgängig farbig illustriert, Broschur, 29,80 DM.

• Aidan Meehan: **Celtic Design**. Die Praxisbuchreihe *Celtic Design* vermittelt dem Leser profunde Kenntnisse über den reichen Schatz keltischer Symbole und Motive. Gleichzeitig inspiriert es, eigene keltische Motive zu gestalten. Jeder Band 160 Seiten, ca. 400 s/w-Abb., Broschur, 29,80 DM.

•• **Handbuch für Einsteiger**. Für den Anfänger und den Laien, als Hilfe bei den ersten Schritten auf dem Weg zur hohen Kunst der Kelten. Es zeigt einfache Labyrinthe, Flecht- und Knotenmuster sowie atemberaubende Spiralkonstruktionen.

•• **Keltische Flechtmuster**. Ein Einblick in die Details und die spirituelle Bedeutung der keltischen Flechtsymbolik. Das Buch vermittelt auch die handwerklichen Kenntnisse, um es in dieser Kunst zu künstlerischer Perfektion zu bringen.

•• **Keltische Spiralmuster**. Aidan Meehan gibt detaillierte Anweisungen und praktische Tips, wie wir die reichhaltige Tradition der Spiralmuster in unser modernes Leben integrieren und für Handwerk und Design nutzen können.